雙

Q

高手

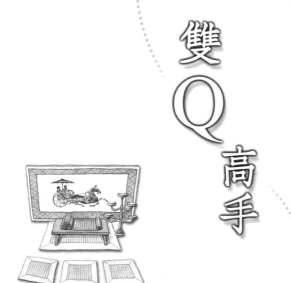

李寬宏　著

三民書局

獻給孩子們的禮物

主編的話

　　世界上最幸福的孩子，是他們一出生就有機會接近故事書，想想看，那些書中的人物，不論古今中外都來到了眼前，與他們相識，不僅分享了各個人物生活中的點滴，孩子們的想像力也隨著書中的故事情節飛翔。

　　不論世界如何演變，科技如何發達，孩子一世幸福的起源，仍然來自於父母的影響，如果每一個孩子都能從小在父母親的懷抱中，傾聽故事，共享閱讀之樂，長大後養成了閱讀習慣，這將是一生中享用不盡的財富。

　　三民書局的劉振強董事長，想必也是一位深信讀書是人生最大財富的人，在讀書人口往下滑落的多元化時代，他仍然堅信讀書的重要，近年來，更不計成本，連續出版了特別為孩子們策劃的兒童文學叢書，從「文學家」、「藝術家」、「音樂家」、「影響世界的人」系列到「童話小天地」、「第一次」系列，至今已出版了近百本，這僅是由筆者主編出版的部分叢書而已，若包括其他兒童詩集及套書，三民書局已出版不下千百種的兒童讀物。

　　劉董事長也時常感念著，在他困苦貧窮的青少年時期，是書使他堅強向上，在社會普遍困苦，而生活簡陋的年代，也是書成了他最好的良伴，他希望在他的有生之年，分享這份資產，讓下一代可以充分使用，讓親子共讀的親情，源遠流長。

　　「世紀人物100」系列早就在他的關切中構思著，希望能出版

孩子們喜歡而且一生難忘的好書。近年來筆者放下一切寫作，接下這份主編重任，並結合海內外有心兒童文學的作者共同為下一代效力，正是感動於劉董事長致力文化大業的真誠之心，更欣喜許多志同道合的朋友，能與我一起為孩子們寫書。

「世紀人物100」系列規劃出版一百位人物故事，中外各占五十人，包括了在歷史上有關文學、藝術、人文、政治與科學等各行各業有貢獻的人物故事，邀請國內外兒童文學領域專業的學者、作家同心協力編寫，費時多年，分梯次出版。在越來越多元化的世界中，每個人都有各自的才華與潛力，每個朝代也都有其可歌可泣的故事，但是在故事背後所具有的一個共同點，就是每個傳主在困苦中不屈不撓，令人難忘的經歷，這些經歷經由各作者用心博覽有關資料，再三推敲求證，再以文學之筆，寫出了有趣而感人的故事。

西諺有云：「世界因有各式各樣不同的人群，才更加多采多姿。」這套書就是以「人」的故事為主旨，不刻意美化傳主，以每一位傳主的生活經歷為主軸，深入描寫他們成長的環境、家庭教育與童年生活，深入探索是什麼因素造成了他們與眾不同？是什麼力量驅動了他們鍥而不捨的毅力？以日常生活中的小故事，來描繪出這些人物，為什麼能使夢想成真。為了引起小讀者的興趣，特別著重在各傳主的童年生活描述，希望能引起共鳴。尤其在閱讀這些作品時，能於心領神會中得到靈感。

和一般從外文翻譯出來的偉人傳記所不同的

是，此套書的特色是，由熟悉兒童文學又關心教育的作者用心收集資料，用有趣的故事，融入知識，並以文學之筆，深入淺出寫出適合小朋友與大朋友閱讀的人物傳記。在探討每位人物的內在心理因素之餘，也希望讀者從閱讀中，能激勵出個人內在的潛力和夢想。我相信每個孩子在年少時都會發呆做夢，在他們發呆和做夢的同時，書是他們最私密的好友，在閱讀中，沒有批判和譏諷，卻可隨書中的主人翁，海闊天空一起遨遊，或狂想或計畫，而成為心靈知交，不僅留下年少時，從閱讀中得到的神交良伴（一個回憶），如果能兩代共讀，讀後一起討論，綿綿相傳，留下共同回憶，何嘗不是一幅幸福的親子圖？

2006 年，我們升格成為祖字輩，有一位朋友提了滿滿兩袋的童書相送，一袋給新科父母，一袋給我們。老友是美國國家科學院院士，曾擔任過全美閱讀評估諮議委員，也是一位慈愛的好爺爺，深信閱讀對人生的重要。他很感性的說：「不要以為娃娃聽不懂故事，我的孫兒們一出生就聽我們唸故事書，長大後不僅愛讀書而且想像力豐富，尤其是文字表達能力特別強。」我完全同意，並欣然接受那兩袋最珍貴的禮物。

因為我們同樣都是愛讀書、也深得讀書之樂的人。

謹以此套「世紀人物 100」叢書送給所有愛讀書的孩子和家庭，以及我們的孫兒——石開文，他們都是世界上最幸福的孩子，因為從小有書為伴，與愛同行。

親愛的小朋友和大朋友：

先回答你的問題。什麼是雙Q？就是IQ（智商）和EQ（情緒商數）啦。

IQ高的人很聰明，讀書讀得頂呱呱，長大後也許會成為大科學家或大文豪。可是如果他的EQ不高，他可能會很自大，很自私，或喜怒無常。和這種人在一起，不到五分鐘，保證把你氣得胃潰瘍。

所以最好是雙Q都高：又會讀書、彈琴，做人又體貼、風趣。和這種人交朋友，不但可以學到很多東西，而且很愉快。可是雙Q高手哪裡找？遠在天邊，近在眼前，孔子就是！

嘿，請不要聽到孔子就想睡覺好不好？他是很偉大沒錯，可是並不表示我們就要哭喪著臉讀他的故事呀！

你會不會覺得我吃錯了什麼藥？都21世紀了，飛機滿天飛，機器人能彈鋼琴，網路讓你和臺灣、日本、美國、歐洲的朋友隨時聊天或互送電子郵件，而我，居然還在寫孔子！

記得以前我就讀的小學有一尊孔子的銅像，眼睛看著遠方，臉上沒什麼表情，銅像基座上寫了四個很大、直排的金字：「萬世師表」。

我那時不知道什麼是「萬世師表」，要等長大以後才曉得。在那個時候，我只覺

得那麼乾淨整齊的校園，放了一個烏漆墨黑的銅像實在很煞風景，他們怎麼沒想到放一個漂亮的歌星或電影明星的蠟像？

對呀，孔子，那個一天到晚板著臉孔教訓人的糟老頭子，無聊死了，誰會對他感興趣？

我起先真的這麼想，直到後來多讀了幾本書，並且和一些有學問的朋友討論，才發現自己真是大錯特錯。

所以，我到底為什麼要寫孔子？有兩個原因：

第一，我們一直以為他是個嚴肅拘謹、無趣乏味的人，其實我們都誤解他了。如果他地下有知，一定會學歌仔戲或布袋戲的口吻大喊：「大人啊，冤枉啊！」

讀完這本書以後，你就會發現孔子不但絕頂聰明，而且為人非常幽默風趣，是個道道地地的雙 Q 高手。他有時開學生的玩笑，有時也調侃自己。他教書的方法更是生動活潑，和學生有問有答，而且依照學生不同的個性做不同的教導，絕對不是填鴨式的教育。他教學的內容，德、智、體、群、美五育並重，一點也不枯燥。

還有，告訴你一個祕密：孔子很喜歡唱歌。他如果是一個 e 世代的小伙子，鐵定會戴一副太陽眼鏡，背著電吉他，站在臺上一面跳拉丁熱舞，一面大唱特唱：「對面的女孩看過來，看過來，看過來……」

我寫孔子的第二個原因是想解開一個謎：我

們都知道他很偉大，可是，他到底偉大在哪裡？

首先，他是中國第一個創辦平民學校的人。在他以前，只有貴族的小孩才能上學。他的學校使一般老百姓的小孩也有受教育的機會，替國家造就許多優秀的人才。

其次，像我剛剛講過的，他是一個很酷的老師。兩千五百年後，他的教學方法仍然走在時代前面，一點也不落伍。

孔子還有一個了不起的地方，就是兩千五百年來，他的思想深深的影響了我們中國人，以及亞洲許多國家的人民。他教我們做人要光明正大，不要鬼鬼祟祟；對人要有愛心，凡事替別人著想。最近有許多歐美學者，也了解他的偉大，開始研究他的思想。

我小學的孔子銅像基座上寫的「萬世師表」，意思就是「永遠永遠的老師」。你現在知道孔子是一個怎樣的老師了，我想你會同意這種說法吧。

這是一本輕鬆的故事書，卻是以嚴謹的態度寫成的。故事的內容主要來自《史記》中的〈孔子世家〉和〈仲尼弟子列傳〉，以及《左傳》、《論語》、《孔子家語》和《大英百科全書》。希望你能夠以愉快的心情認識或重新認識孔子。

書裡面每一章幾乎都是個獨立的故事，所以閱讀的順序可以很有彈性。你可以從第 1 章讀起，然後第 2 章、第 3 章……；你也可以從最後一章往前讀；或者，乾脆翻到哪一章，就讀哪一章！

每一章故事後面，我加了一、兩則和故事的人物或情節有關的《論語》章句。這些句子都很短，但是非常優美，而且把讀書、做

人的道理講得透徹深入。你如果能夠背個幾句，同時把它們的涵義徹底了解，不但對你的寫作有很大的幫助，說不定因為受到潛移默化，不知不覺你也變成一個雙Q高手哩！

謝謝簡宛老師和三民書局給我這個機會重新認識孔子，也讓我把心得和你分享。這是我們合作的第四本書，因為她們的博學、專業、體貼，使得每本書的寫作成為一種愉快而有趣的挑戰——你不知道我有多幸運！也謝謝蔣淑茹老師提供許多的寶貴資料和建議，使得這本書的內容更為充實、活潑。

希望你讀完這本書以後會大叫一聲說：「啊哈！這個孔夫子可真in啊！」

寫書的人

李寬宏

臺灣屏東人。清華大學核子工程學士，美國普度大學機械工程碩士、博士。在美國當工程師二十年後，創業從事工業產品進出口貿易。

喜歡閱讀、寫作、音樂、電影、健行、游泳、舞蹈，目前正在學阿根廷探戈，準備將來赴布宜諾斯艾利斯「深造」。為三民書局寫過三本童書：《愛唱歌的小蘑菇——歌曲大王舒伯特》、《兩千五百歲的酷老師——至聖先師孔子》和《鈴，鈴，鈴，請讓路！——第一次騎腳踏車》等。

雙Q高手

孔子

目次

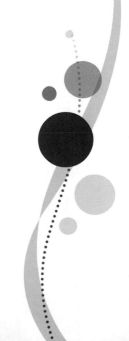

孔 子

前551～前479

1 老爸和老媽

　　孔子的老爸和老媽都不是省油的燈，才會生出這個名揚中外的雙Q高手。請看底下的故事。

　　西元前563年，魯國參加晉國所率領的聯軍，出兵攻打偪陽城。偪陽城雖小，卻很堅固，聯軍久久無法把城攻下。

　　有一天，聯軍正對著城內守軍叫罵，城門突然開了！聯軍大吃一驚，以為偪陽的軍隊馬上要衝出來決一死戰，趕快擺好陣勢，準備迎敵。結果等了半天，偪陽城內卻一點動靜也沒有。聯軍統帥知道這很可能是個陷阱，但是心想：「我人多勢眾，才不怕你裝神弄鬼！」於是抽出寶劍，高舉空中，然後往前用力一揮，同時大喊：「衝啊！」

　　聯軍的士兵一面大叫「殺

啊！殺啊！」一面從洞開的城門蜂擁而入。沒想到，才沒多少士兵衝進城內，城上的懸門就開始「嘎吱！嘎吱！」往下落，要把城門關上。

萬一城門關上，進城的聯軍士兵就像被漁網抓住的魚，必死無疑。這時，一個軍官騎著快馬從城外的隊伍裡，飛奔到城下。他跳下馬來，兩腳馬步一蹲，兩手用力往上一抬，硬生生把往下落的城門托住，同時對著城內的聯軍大喊：「快走！我們中計了！」等到進城的士兵都已安全逃出城外，他才鬆手讓城門關上。

這個勇敢的大力士，就是孔子的老爸叔梁紇。

你也許有個疑問：孔子的老爸為什麼不姓孔？他當然姓孔，「紇」是他的名，「叔梁」是他的字。春秋、戰國時代，有時候一個人的字會連著名一起叫。

　　偪陽之役七年後，叔梁紇又立了大功。

　　那年，齊國攻打魯國的防城，把魯國的國卿臧武仲困在城內。魯國派了軍隊來解救，但是齊國的兵力強大，臧武仲無法脫身。

　　於是，叔梁紇利用夜色作掩護，帶領三百名精兵向齊軍進攻。他突破齊軍的封鎖線，把臧武仲平安送到城外魯軍營地，然後回到城內，和城外的魯軍聯合，內外夾擊，把齊軍打得落花流水。

　　經過偪陽和防城兩次戰役，叔梁紇成了魯國著名的大英雄。

　　他那時有個大太太和二太太，大太太生了九個女兒，沒生男孩；二太太只生了一個男孩，可是這個男孩的腳有毛病。叔梁紇想要得到一個健康的男孩，就向曲阜望族顏家求婚。

　　顏家有三個女兒，叔梁紇並沒有指名要向哪位小姐求婚，所以顏老太爺就對三個女兒說：「叔梁紇身材高大，武藝精深，勇猛絕倫，雖然年紀大了一些，脾氣也不太溫和，但是我很欣賞他，覺得他是個好人。現在他向我們顏家求婚，妳們有誰願意嫁給他？」

　　大小姐和二小姐聽了，都只是把頭低下去不說話。只有三小姐，名叫徵在，很爽朗的說：「這種事情只要父親作主就好了，何必問我們？」顏老太爺很高興，說：「好，徵在，那我就把妳許配給叔梁紇。」

　　孔子就是叔梁紇和顏徵在的兒子。有歷史書（《史記・孔子世家》）上說：「紇與顏氏女野合而生孔子。」有些無聊的傢伙看到「野合」兩個字，如獲至寶，就開始發揮想像力，到處散布謠

言：「喂，你知道嗎？孔子是個私生子耶。」

其實，「野合」是「不合當時禮法的規定」的意思。依照當時的習俗，結婚的正當年齡，是男子三十歲，女子二十歲。叔梁紇娶顏徵在時，他六十四歲，早已超過適婚年齡，而她才十八歲，比新郎整整小了四十六歲，所以才會有「野合」的說法。

幸虧有顏徵在這位勇敢的女性，能夠不顧世俗的眼光，毅然決然嫁給她所喜愛的男人，不然我們就沒有中外聞名的孔子了。你不覺得她很偉大嗎？

雙Q論語

子曰：「父母之年，不可不知也。一則以喜，一則以懼。」（《論語・里仁篇》）
§聊天室§
　父母的年齡，一定要知道。一方面歡喜他們這麼長壽，另一方面也擔心他們一天一天衰老。
　「年」是「年齡」；「懼」是「害怕」。

2 孔家八卦

有些關於孔家的花邊新聞，一定要告訴你。這些故事，課本上不一定找得到，考試也不會考，但是很有趣。下次和朋友聊天時，不妨隨便說幾則給他們聽聽，保證讓他們對你佩服得五體投地。

命名妙法

孔子的爸爸前後總共娶了三個太太。大太太生了九個女兒，沒生兒子；二太太只生一個兒子，沒有女兒。二太太的兒子生下來就是個跛子，名叫孟皮。孟，是「老大」的意思；皮，是「跛腳」的意思。三太太是孔子的媽媽，也只生了孔子一個小孩。

孔子的哥哥因為跛腳，他爸

爸就把他取名為「孔孟皮」；孔子因為額頭隆起來，像個小山丘，他爸爸就把他取名為「孔丘」。依照這個方法，如果孔子有一個很胖的弟弟，他爸爸也許會把他取名為「孔肥」？

孔子學到他老爸這一套「命名學」，把他自己的兒子取名為「孔鯉」，因為他兒子出生時，魯國的國君魯昭公送了一條鯉魚來賀喜。如果當初魯昭公送的是一匹馬，孔子的兒子當然就叫「孔馬」了。

萬一，魯昭公送的是一條龍呢？

姪女婿和女婿

孟皮的身體一直不好，四十歲左右就去世了，留下一兒一女。後來他女兒由孔子作主，嫁給孔子的學生南容。

南容是一個說話、做事都很

謹慎的人，最喜歡把《詩經》裡的「白圭之玷，尚可磨也；斯言之玷，不可為也」一再反覆誦讀。「圭」是一種美玉；「玷」是「汙點」。這句話的意思是：「白玉上面有了汙點，還能把它磨掉；可是，話一說錯，就收不回來了。」

孔子把自己的女兒也嫁給他的學生。這個學生叫公冶長，家裡很窮，但是讀書很用功。據說他有一項非常特殊的本領──聽得懂鳥語。

一個秋天的午後，公冶長正在家裡看書，一隻烏鴉飛到窗前嘎嘎大叫說：「公冶長！公冶長！南山有隻羊。你吃肉來我吃腸！」

烏鴉一向很多嘴，沒事就嘰哩呱啦講別的小鳥的壞話，所以起先公冶長根本懶得理牠。

沒想到過了不久，那隻烏鴉又飛過來，大叫說：「公冶長！公

冶長！南山有隻羊。你吃肉來我吃腸！」

公冶長正好讀書讀累了，而且家裡也快沒東西吃，心想：「縱使白跑一趟，就算散步吧。」於是由烏鴉領路，到了南山的山頂。一看，果真有隻死羊。公冶長高興得不得了，費了九牛二虎之力把羊拖回家，洗啊，剝啊，燉啊，炒啊，烤啊，忙得不亦樂乎，把家裡弄得香噴噴的。

但是，忙亂之中，他忘了一件很重要的事──他忘了把腸子留給烏鴉吃。

秋天過了，冬天來臨。一天清晨，大雪剛停，公冶長又聽到窗外樹上傳來熟悉的呼喚：「公冶長！公冶長！南山有隻羊。你吃肉來我吃腸！」

公冶長想起秋天的那些羊肉大餐，口水幾乎流了一地。於是立刻衝出門，跟著烏鴉又來到南

山的山頂。

可是，躺在地上的不是一隻死羊，而是一個死人。這時烏鴉在公冶長頭上盤旋，嘎嘎怪叫：「公冶長！公冶長！吃了肉，忘了腸！吃了肉，忘了腸！」

公冶長才知道烏鴉在惡作劇，因為氣他不守信用，沒把腸子留給牠。

烏鴉飛走了，空曠的山頂只剩下他和那具屍體。一陣山風吹來，公冶長開始發抖。他覺得好怕，沒命的飛奔下山。屍體四周，白茫茫的雪地上，留下公冶長零亂的鞋印。

下午，兩個衙門的捕快逮捕了公冶長，控告他謀殺。有人向他們報案，說在山頂發現一具死屍，而且看到公冶長一個人上山，然後又慌慌張張跑下山。

第二天，縣令升堂審案，把驚堂木一拍，說:「公冶長，你一

個讀書人，怎麼做出這種傷天害理的事？還不趕快從實招來，免得皮肉受苦！」

公冶長跪在地上，叩頭如搗蒜，說：「大人，冤枉啊！我實在是被烏鴉陷害的！」

縣令大怒：「大膽刁民，居然滿口胡言亂語，把罪怪到烏鴉頭上，虧你還是孔丘的學生！來啊！先給我打三十大板！」

公冶長嚇死了，趕忙說：「大人息怒，請容我先把事情講清楚，如果大人還是不相信，我寧願被打五十大板。」

於是公冶長把烏鴉告訴他南山有隻羊，但是他忘了把腸子留給烏鴉，所以烏鴉為了報復而陷害他的事講了一遍。

縣令聽了，半信半疑。為了測試公冶長，他把公冶長帶到衙門後院，指著一棵大樹上的一群麻雀說：「你說你懂鳥語，告訴我

牠們在說什麼。如果能證實你的話，我就相信你。要不然，你死罪難逃！」

公冶長仔細聽那群麻雀吱吱喳喳講了一會兒，然後對縣令說：「啟稟大人，牠們說，東鄉有輛載稻穀的車子翻了，穀子灑了一地，要大家趕快飛去大吃一頓。」

縣令馬上派人到東鄉去查看，發現果真有一輛載稻穀的車翻車，證明公冶長的確懂鳥語。同時，根據驗屍的結果，被害者早在公冶長上山之前就已死亡，不可能是公冶長所殺。

公冶長被釋放後，到處把他和烏鴉的故事講給人家聽。他故事的結尾總是：「所以，我們不但對人要守信用，我們對小鳥也要守信用啊！」

愛唱歌的孔夫子

就像任賢齊、伍佰這些有才華的歌手，孔子不但很愛唱歌，還會自己作曲、填詞。在他辭掉大司寇（相當於現在的司法院長）的職位，開始周遊列國時，就對著趕來慰留的季孫氏（又名季桓子）使者，唱了一首自己所創作的歌曲，來表明心跡（請看第21章），甚至到他快死時，還作了一首歌唱給子貢聽哩（請看第15章）。

子與人歌而善，必使反之，而後和之。

（《論語·述而篇》）

§聊天室§

　　孔子和人家一起唱歌，如果覺得他唱得很好，就會請他再唱一遍，然後和他合唱。

　　「善」是「好」；「反」是「反覆」；「和」是「合唱」。

3 哥兒們都叫他……

　　孔子的哥兒們都叫他什麼？當然叫他的綽號囉！

　　孔子也有綽號？當然有啦。不要忘了，他也曾經是個小孩子，不是一生下來就是個偉大的「至聖先師」哩。你的朋友很多都有綽號，像大頭啦、小老鼠啦、黑皮啦等等。孔子也有個綽號，你知道是什麼嗎？

　　不是「丘」，那是他的名；也不是「仲尼」，那是他的字。所以我們說孔子名「丘」，字「仲尼」。字，就是別名。名和字都是他父親替他取的，但是綽號卻是別人取的。

　　我們在第 2 章已經講過，孔子剛生下來的時候額頭很高，像個小山丘，所以他老爸把他取名為「丘」。那麼，為什麼他的字

叫「仲尼」呢？他是家中老二，「仲」，就是老二的意思。

其實啊，孔子不但有一個哥哥，還有九個姐姐（請參考第２章），他排行第十一，照理說，他的字應該叫做「十一尼」。可是，古代重男輕女，算排行時，九個姐姐一筆勾消，通通不算，這實在是欺人太甚啦！妳如果是女生，一定覺得很不公平，是不是？我是男生，我也覺得很不公平呀！

還有，他媽媽曾到附近的尼丘山向神靈禱告，求祂們賜給她一個兒子，後來果然懷孕生了孔子。因此，把「尼」放在他的字裡，表示對尼丘山神明的感謝。

他的綽號想出來了嗎？如果還沒有，給你一個提示：孔子的父親是魯國有名的大力士，身材非常魁梧，因此孔子也長得很高。

　　兩千五百年前，大家普遍營養不良，個子都不高。孔子站在人群裡，就像鶴立雞群。所以，他的哥兒們都叫他「長人」。

雙Q論語

孔子曰：「益者三友，損者三友：友直，友諒，友多聞，益矣。友便辟，友善柔，友便佞，損矣。」（《論語・季氏篇》）

§聊天室§

　　交朋友真的要非常小心，交到好朋友，終生受益不盡，交到壞朋友，一不小心被拖下水，那就上報紙的社會新聞版或者警察局的通緝犯名單了。

　　照孔子的看法，有三種好朋友：正直的朋友；可以信賴的朋友；見多識廣的朋友。有三種壞朋友：很會逢迎，八面玲瓏，見人說人話見鬼說鬼話的朋友；專門裝孫子，討好別人的朋友；花言巧語耍嘴皮，卻沒有真才實學的朋友。

　　「益」是「好的」；「損」是「壞的」；「諒」是「真實而可信賴」；「便辟」是「很會逢迎周旋」；「善柔」是「很會獻媚」；「便佞」是「花言巧語而無真才實學」。

曾子曰：「君子以文會友，以友輔仁。」（《論語・顏淵篇》）

§聊天室§

　　曾子就是曾參，也就是曾點的兒子（請看第 10 章和第 26 章）。

　　照曾參的看法，君子用學術、文章結交朋友。同時，朋友之間互相勉勵，幫助彼此德行的成長。

　　「輔」是「幫助」；「仁」是「崇高的德行」。

4　兩腳書櫥

　　有一次孔子經過楚國的葉邑，當地的縣長對孔子很好奇，就向子路打聽：「你的老師到底是一個怎樣的人？」

　　子路一時間竟然不知道怎麼回答。

　　後來孔子知道這件事，就對子路說：「你為什麼不告訴他：『老師這個人啊，做起學問來像個拚命三郎，用功到連飯都忘了吃。研究學問有了心得，就高興得手舞足蹈，把什麼煩惱都忘了。他活到老，學到老，根本忘記自己年齡有多大哩！』」

　　孔子這麼好學，當然裝了一肚子的學問，就像是一個會走動的兩腳書櫥。底下是有關他博學的幾個故事，第二和第三個故事有點像傳奇，不太合乎現代生物

學的知識，但還是很有趣。

遠來的老鷹

有一隻被箭射傷的老鷹掉在陳國的宮廷內死了，身上的箭非常奇怪，箭桿是楛木做的，箭頭（箭鏃）是石頭做的，而且有一尺八寸長。大家從來沒看過這麼奇怪的箭。剛好孔子在陳國，陳國的國王陳湣公就派人去問孔子。

孔子說：「這隻老鷹是從很遠的地方飛來的，因為這種楛桿石鏃的箭是肅慎國的土產。

「當初周武王滅商紂，建立周朝以後，曾經派使者到各個蠻夷之邦宣揚國威，要他們向周朝進貢土產。肅慎國進貢的就是這種箭。

「後來周武王把大女兒嫁給胡公，陪嫁的禮物之一就是這種肅慎箭，而胡公的封地就在你們

陳國，所以你們的倉庫裡說不定還有這種箭。」

陳湣公聽了，派人到舊倉庫去清查，果然找到當年周武王贈送的肅慎箭，證明孔子的話是對的。

巨人的骨頭

西元前 494 年，吳、越兩國發生戰爭，吳王夫差率軍攻陷越國的都城會稽。吳國軍隊在拆卸會稽城牆時，發現一節人骨。這根骨頭非常大，大到居然可以裝滿一牛車。大家對這麼大的人骨都很好奇，可是沒有人知道世界上有誰會有這麼高的個子。

於是，吳國派人去向孔子請教。孔子說：「這是防風氏的骨頭。當年夏禹曾經在會稽山召集各國國君開會，防風氏故意搗蛋遲到，夏禹就把他殺了，他的一節骨頭就可以裝滿一牛車。」

　　吳國的客人問孔子：「防風氏到底有多高？」

　　孔子說：「世界上最矮的人是僬僥族，只有三尺高。世界上最高的人，頂多是僬僥族的十倍高。所以防風氏的高度不會超過三丈。」

怪　羊

　　魯國貴族季桓子在鑿井時挖出一個大瓦罐，瓦罐裡居然有一隻活的動物，長得有點像羊，但又不是羊。大家對這動物都很好奇，可是卻沒有人知道牠的名稱。

　　於是，季桓子派了一個使者向孔子請教。使者想要測試孔子有多博學，故意說：「我們在鑿井的時候，從地下挖出一隻像狗的動物。請問這是什麼動物？」

　　孔子想了一下，說：「我想你們看錯了。這隻動物應該長得像

羊，而不是像狗。

「據我所知，在山上的怪物，有夔和魍魎。夔是只有一隻腳，長得像牛的怪獸；魍魎是山精，能模仿人的聲音來迷惑人。

「在水裡的怪物有龍和罔象。龍會呼風喚雨，罔象會吃人。

「在土裡的怪物，沒有雌雄的性別，長得有點像羊，所以叫墳羊。你們挖出來的就是墳羊。」

雙Q論語

子曰：「我非生而知之者，好古，敏以求之者也。」（《論語・述而篇》）

§聊天室§

孔子說他自己：「我並不是天生就什麼都懂的，只是喜歡年代久遠的事物，而且用敏捷的心思去追求學問而已。」

「敏」是「敏捷」。

5

第一所平民學校

孔子出生於西元前 551 年，所以他如果還活著，應該有兩千五百多歲了。那時中國分裂成許多國家，有魯國、齊國、衛國、陳國、宋國、晉國、楚國、吳國、越國等等。這些國家整天你打我，我打你，亂七八糟，煩死人了。歷史上把這段時期，稱作春秋時期。

孔子生在魯國，也就是今天的山東省。他小時家裡很窮，為了生活，曾經在倉庫裡管過帳，也曾經在牧場做過管理牛羊的事。關於他求學的經過，歷史書上沒什麼詳細的記載，只知道他從十五歲開始發憤讀書，常常因為被書裡有趣的知識吸引，而忘了吃飯和睡覺。這樣用功了十五年，到他三十歲時，已經成為一

個很有學問的青年，不但魯國人尊敬他，連魯國隔壁的齊國人也知道他。

有一次，齊國的國王齊景公到魯國訪問，還特別去拜訪孔子，向他請教治理國家的方法。這是一件很光榮的事。為什麼呢？現在的學生通常是小學六年，國中三年，高中三年，大學四年，所以到大學畢業時總共讀了十六年的書，比孔子多讀了一年。但是，你有沒有聽說哪一國的總統來我國訪問時，特地去拜訪哪個大學畢業生，向他請教如何治理國家？

大概就在這個時候，孔子開辦了一所學校，開始大量招收平民學生。在這之前，所有的學校都是政府辦的，而且，通常只有貴族才能上學，一般老百姓根本沒有受教育的機會。所以，孔子是中國歷史上第一個開辦私立學

校、推動平民教育的人。從此，在中國歷史上，受教育的平民以他們的智慧和專業知識，替國家做了很多事情。許多人聽說孔子設立學校，紛紛趕來報名。不但魯國的人來了，連鄰近許多國家像齊國、楚國、衛國的學生也來魯國留學，進入孔子的學校就讀。

雙Q論語

子曰：「有教無類。」（《論語・衛靈公篇》）

§**聊天室**§

　　這句話的意思是：「教導的對象，沒有貧富貴賤的差別。」在兩千五百年前，這是一句石破天驚的革命性宣言，顯示出孔子博愛的胸襟和崇高的教育理想。

　　「類」是「差別」。

6 想混的別進來

　　孔子一生總共教過差不多三千個學生，其中七十二個有很傑出的表現。這三千個學生有老有小，甚至有爸爸和兒子是同學的，例如：顏回和他爸爸顏路是先後期的同學，曾參則和他爸爸曾點同時上學。

　　孔子的學生各式各樣的人都有，有的很聰明，有的腦筋不靈光，有的家裡很有錢，有的家裡很窮，有的父親做大官，有的父親只是個普通的老百姓。他一點也不在乎學生的智慧和家世，只要喜歡讀書，肯用功，他就教。所以我們說他「有教無類」。

　　如果，你心裡想：「連這種阿貓阿狗都能進的學校，一定很好混」，就大錯特錯了。

　　孔子對用功的學生很好，但

是對偷懶的學生就非常嚴格。他在上課時會不停的問學生問題，你要是沒準備而被他逮到，嘿嘿，那就糟大了。有一次，他問子路一個問題，子路不會答，但是又死要面子，不肯承認，於是就瞎掰一氣。孔子聽了，知道他在胡扯，就罵他：「子路，你給我好好聽著！你對一件事情，知道就說知道，不知道就老老實實說不知道，不要隨口亂講！」

這種罵還算客氣的。有一個叫宰予的學生，就比子路倒楣。宰予很會說話，而且嘴巴很甜，所以起先孔子還蠻喜歡他的。有一天，宰予沒來上學，孔子以為他生病了，特地在下課的時間到他家慰問。結果到他家一看，宰予根本沒病，躺在床上睡懶覺。這下孔子真的生氣了，走到床邊，「啪！」的一聲用力打了他一下屁股。宰予正在做糊塗大夢，

被嚇得跳起來。這時，孔子就指著他的鼻子大罵:「你呀，就像一塊爛木頭，根本沒辦法雕刻成任何東西，真是個廢物！我看你呀，簡直就像一片骯髒的土牆，根本沒有辦法粉刷！」

　　你現在還認為孔子的學校好混嗎？

雙Q論語

子曰：「學而時習之，不亦說乎？有朋自遠方來，不亦樂乎？人不知而不慍，不亦君子乎？」（《論語·學而篇》）

§聊天室§

這是《論語》開頭第一章，很多文章都會引用。在這裡，「說」就是「悅」，也就是「喜歡」的意思。「不知」是「不知道你的才華」；「慍」是「生氣」。

我們學一樣東西，學得很有興趣，自然就會主動去複習，根本不需要老師或父母三催四請。比如說，爸爸教你打網球，你很喜歡，所以大熱天還是提了一籃子的球到球場練習發球。人家看你重複同樣單調的動作，把自己累得滿頭大汗，認為你如果不是個瘋子，也是個笨蛋，但是你自己可樂得很哩。

假如你有一個住在美國的筆友要來看你，你高不高興？保證你一大早就跑到機場去等他的飛機了！

還有，你文章寫得很好，可是老師和同學都不知道，既不選你當學藝股長，也不派你參加作文比賽，因此你覺得很鬱卒。我告訴你，安啦！一個人只要真正有才華，人家遲早會發現。等你的大作在報章雜誌上刊登出來，他們就知道你的厲害了。

子曰：「知之者，不如好之者；好之者，不如樂之者。」（《論語·雍也篇》）

§聊天室§

僅僅知道一樣事情，還不如進一步喜歡它；喜歡它，還不如陶醉在它裡面。「好」是「喜好」的意思。

比如說，鋼琴老師教你彈「給愛麗絲」，你如果只是心不甘情不願的把曲子練熟，彈的時候大概不會有什麼感覺，就像個機器人。可是，如果你開始喜歡這首曲子，彈起來當然就會生動很多。等到你真正非常愛這首曲子，愛到可以閉著眼睛彈它，我相信你會深深陶醉在它優美、浪漫的旋律當中。

7 上課囉！

你心裡一定很好奇，想知道孔子的學生到底每天學些什麼東西。我把孔子教他們的課程介紹一下，你會發現他不但教學生讀書，還教他們做人，鍛鍊身體，生活的技能，和培養正當嗜好，採取的是「通才教育」。他總共開了六門課，簡稱「六藝」。

禮 節

我們都希望別人對我們有禮貌，和我們說話要和顏悅色，向我們借了東西要記得按時還，而且還的時候要說「謝謝」；如果走路不小心碰到我們，更要向我們道歉，說「對不起」。你知道要怎樣才會使得別人對我們有禮貌嗎？孔子教學生說：「就是我們先要對別人有禮貌呀！」

音 樂

你一定看過一句廣告詞:「學琴的孩子不會變壞。」其實,唱歌的孩子,彈吉他的孩子,吹喇叭的孩子也都不會變壞呀。音樂就是有這麼神奇的功能!你每次唱歌時都好快樂,快樂的孩子當然不會變壞!孔子知道這個道理,所以教學生音樂。連那個粗聲粗氣的子路都被他教得會彈瑟(像古琴的一種樂器),而且彈得很不錯哩(子路自己這樣想)。

孔子很喜歡音樂,他在齊國的時候,聽到人家演奏大舜所作的「韶樂」,覺得實在太美妙了,不禁心醉神往,整整三個月之久,居然連肉味都忘掉。他會彈古琴、彈瑟和擊磬(玉片做成的打擊樂器),還喜歡唱歌,每次聽到有人唱一首好聽的歌,就會請那個人再唱一次,同時他也

跟著唱。我想，孔子如果生在今天，一定會喜歡唱卡拉OK。

射箭

沒想到孔子會射箭吧？他告訴學生說：「我們平常對人要和氣，不要和人家爭權奪利。可是，在射箭比賽的時候，是一種公平競爭的運動，我們就不必客氣，要把所有的本領都使出來！」這門課相當於現在的體育課。如果那時有籃球、棒球、網球，我相信孔子也會帶學生打球。

駕車

是駕馬車，不是開汽車，因為那時還沒有汽車。不過，兩千五百年前，能夠駕著馬車，在青石路上「的噠，的噠」走，也是一件很拉風的事。不但如此，駕馬車在當時是一種生活技能和戰鬥技能，也是很好的運動。

閱　讀

　　這門課有點像現在的國語課，主要教學生認識生字和念文章。不但如此，孔子還鼓勵學生讀詩，認為詩像音樂一樣，能夠陶冶人的性情。

　　那時候的詩很多是四個字一句。比如說，孔子很喜歡教他們念的一首詩是：

　　　　伐木丁丁，鳥鳴嚶嚶。
　　　　出自幽谷，遷于喬木。
　　　　嚶其鳴矣，求其友聲。

　　請你把這幾句詩朗讀一遍，你會很喜歡。它的大意是說：「森林裡，工人在叮叮噹噹砍伐樹木，小鳥在吱吱喳喳唱歌。這些小鳥從很深的山谷裡飛出來，飛到高高的樹上。牠們為什麼要吱吱喳喳唱歌呢？因為牠們要找尋朋友。」

算 術

算術訓練我們的思考方法，使我們說話、做事比較有條理。同時，孔子也教學生記帳，它是一種很重要的謀生技能。孔子小時候曾經在倉庫裡管過帳，可見他的算術相當不錯哩。

子曰：「學而不思，則罔；思而不學，則殆。」（《論語‧為政篇》）

§**聊天室**§

孔老夫子親自出馬，教我們如何讀書哩。簡單的說，就是「腳踏實地的學習」和「用心思考」兩件事，都要做到。

要不然，光拚命讀死書，一點大腦都不用，讀了一輩子還是沒有任何心得。反過來說，一天到晚胡思亂想，卻不願意腳踏實地讀書，很可能只是想出一些沒常識的餿理論，實在很危險。

「罔」是「白費工夫」；「殆」是「危險」。

子曰：「吾嘗終日不食，終夜不寢，以思；無益，不如學也。」（《論語‧衛靈公篇》）

§**聊天室**§

這句話和「思而不學則殆」其實是一樣的，意思是：「我曾經整天不吃東西，整個晚上不睡覺，什麼事都不做，只是拚命思考；結果發現一點用處都沒有，不如腳踏實地的學習，還比較有用。」

「嘗」是「曾經」；「終」是「整個」；「寢」是「睡覺」。

8 問答式教學法

　　孔子的教學方法非常活潑，採取問答法，絕對不是「填鴨式」的教育。上課時他常常問學生問題，也鼓勵學生問他問題。有時學生甚至會和他辯論，他一點也不生氣。透過師生間的問答，他不僅讓學生有發表意見的機會，同時，他也說出他的想法，無形中影響學生的做人處世。

　　舉個例子，有一天他的兩個學生，一個叫顏回，一個叫子路，陪在他旁邊。他就說:「你們兩個人，何不說說自己的志願呀?」

　　子路是一個性急的大個子，家裡很有錢，對朋友很慷慨，可是有時會有點臭屁，這時就急急忙忙搶著說:「我願意把車子、馬

匹、大衣和朋友分享，縱使用壞了，一點也不難過！」

顏回和子路剛好相反，家裡很窮，因為營養不良，長得很瘦小，而且臉色蒼白。他個性溫和，做人循規蹈矩，做事一絲不苟，讀書又非常用功，是個模範生，孔子很疼他。等子路講完了，顏回才輕聲的說：「我希望做個謙虛的人，不誇耀自己的能力，也不到處張揚自己的功勞。」

顏回話才說完，子路就迫不及待的大聲反問孔子：「老師，你呢？你的志願是什麼？」

孔子說：「我的志願，是希望老阿公、老阿嬤平平安安過日子，和朋友交往時大家都講信用，而且，每個小朋友都在爸爸媽媽的寵愛之下，快快樂樂的成長。」

子路、顏回和孔子的志願，反映出他們不同的個性和抱負。

你呢？你將來想做個怎麼樣的人呢？

　　也許你想當個鋼琴家，用你的琴聲感動千千萬萬的聽眾；也許你想當個火箭科學家，帶領人類去探索更深更遠的太空；也許你想當老師，讓小朋友在你的引導和愛心之下快樂的成長。

　　不管你的志向是什麼，只要認定目標，一步一步朝它走去，一定會成功。

　　加油！

雙Q論語

子曰：「三軍可奪帥也，匹夫不可奪志也。」
（《論語・子罕篇》）

§聊天室§

　　你不要看到「三軍」就想著陸、海、空軍，春秋時代還沒有海軍和空軍啦。那時候的三軍，指的是左、右、中軍，每軍各約一萬兩千五百人。「匹夫」是「平民」。

　　所以這句話的意思是：「軍隊的統帥，不管再怎麼勇猛，也可以把他抓過來，可是一個人的志向，再怎麼渺小，也無法強制劫奪。」

你是個急驚風
還是個慢郎中？

　　孔子的學生很多，所以他針對每個人不同的個性，採取「因材施教」的辦法。有一天，在下課時，子路和一個叫冉有的同學在聊天。他們想到一個問題，可是不知道答案。於是子路就自告奮勇說：「冉有！我去問老師，你也進來聽。」

　　說著，子路也不等冉有，就「咚！咚！咚！」跑進教室問孔子：「老師，如果我心裡想到一件好事情，像去鄰居家幫忙他們餵豬、看牛啦，是不是一想到就馬上去做？」

　　孔子說：「那怎麼可以？你當然要先問你爸爸和哥哥的意見才行呀！如果他們不在家，你也要等到他們回來，問過他們才可以。」

等到冉有走進教室，子路早已經跑掉了。冉有沒聽到孔子的回答，只好再問一次：「老師，有個問題想請教您。如果我心裡想到一件好事情，是不是應該一想到就馬上去做？」

孔子笑咪咪的說：「那當然呀！既然是好事，當然要馬上去做，還等什麼呢？」

冉有恭恭敬敬向孔子鞠了躬，說：「謝謝老師！」然後才慢慢走出去。

孔子旁邊剛好有另外一個名叫公西華的學生陪著，就問說：「老師，我有一點不懂。子路和冉有都問您同樣的問題，為什麼您給他們的回答不一樣呢？」

孔子說：「公西華啊，我很高興你這樣問，表示你觀察事情很仔細。子路個性很急，做起事來莽莽撞撞，經常闖禍，所以我希望能夠節制他，使他謹慎一點。

冉有嘛，剛好相反，個性非常穩重，有時做事遲疑不前，考慮太多，所以我希望鼓勵他，使他積極一點。」

子曰：「三人行，必有我師焉，擇其善者而從之，其不善者而改之。」（《論語‧述而篇》）

§聊天室§

你和兩個朋友，總共三個人，在一起走路。這兩個朋友，也許一個是好學生，一個是調皮的學生，也許兩個都只是中等的學生，但是這兩個朋友都可以當你的老師。

孔子教我們，每個人都有他的優點和缺點，我們要效法他的長處，避免他的短處。有一句話說得很好：「聰明人向笨人學到的東西，遠超過笨人向聰明人學到的。」

「行」是「走路」；「焉」是語尾助詞，像「啊」、「呀」、「哩」等字，沒什麼特別的意思；「善」是「好的」，或者「優良的」；「從」是「效法」。

子曰：「見賢思齊焉，見不賢而內自省也。」（《論語‧里仁篇》）

§聊天室§

每個人都可以當我們的老師。看到各方面表現都很優秀的人，我們除了崇拜和羨慕之外，還要想：「我要怎麼做，才能變得像他那麼好？」看到一個很惡劣的小癟三，我們要自我反省，警惕自己不要學到他的壞行為。

「賢」是「德行、學問都很優秀的人」；「思」是「想」；「齊」是「同樣的水準」；「自省」是「自我反省」。

10 另類老師

　　說出來也許你不會相信，孔子不但教學生禮節、音樂、射箭、駕車、閱讀、算術，還教學生如何挨打。

　　現在的父母講究愛的教育，很少體罰小孩。古代的父母大不相同，認為管教小孩子一定要嚴格，甚至認為小孩「不打不成器」。很自然的，打小孩通常就變成做父親的「天職」啦。

　　曾參和他的爸爸曾點都是孔子的學生，所以孔子有很多機會觀察這一對父子的「互動」。曾參個性比較遲鈍，可能做功課或做家事動作很慢，因此常被他老爸修理得身上青一塊，紫一塊。孔子很捨不得曾參，但是又不好意思叫曾點不要打，因為到底那是人家的家務事啊！

　　孔子知道曾參很孝順，他老爸打他，一定是乖乖站在那裡挨打，既不敢跑掉，更不敢還手，只希望父親打夠了，氣就消了。

　　有一天，趁著曾點不在，孔子對曾參說：「你每次都站著挨打是不對的。有一天，如果你爸爸因為太生氣，下手太重把你打傷，全魯國的人都會罵他是個虐待小孩的壞父親。結果你害父親挨罵，反而變成不孝了。」

　　曾參被搞迷糊了，就問孔子：「老師，那我該怎麼辦？」

　　孔子說：「以後你父親要打你的時候，你仔細看看他拿的是細棍子還是粗棍子。他如果拿細棍子，你就乖乖讓他打；他如果拿粗棍子，你就跑掉，免得他把你打傷而被人恥笑。這才是真正的孝順。」

　　曾參心想：「哇塞，老師真不是蓋的，什麼都懂。他這辦法，

可以讓我少挨好多打，又讓我變成一個真正孝順的兒子，真是太棒了！」

我一直在懷疑孔子的這一套妙法，很可能來自他自己挨打的經驗。你覺得有沒有道理？

曾子曰：「吾日三省吾身：為人謀，而不忠乎？與朋友交，而不信乎？傳，不習乎？」
（《論語·學而篇》）

§聊天室§

曾子就是曾參，他雖然個性有點遲鈍，可是為人非常忠厚，而且做學問非常用功。他說：「我每天反省三件事：替人家做事是否忠心？和朋友交往是否守信用？老師教的功課是否努力學習？」

「省」是「反省」；「謀」是「效勞」；「傳」是「老師教的功課」。

11 音樂神童的喜劇

　　學過樂器嗎？不管你學的是鋼琴、小提琴、長笛、吉他，還記得最痛苦的一件事是什麼嗎？你答對了，就是練習！哎呀，練習的曲子通常難聽死了，但是老師偏偏要求每首曲子要練五十遍。最糟糕的是，當你在那邊嗚哩哇拉的彈、拉、吹那些要命的雜音時，你的好朋友正在外邊跳繩、打球、看電影、逛街。你說這世界還有天理嗎？

　　所以，每次到了練習的時候，總是要和爸爸、媽媽討價還價半天，才會苦個臉，心不甘情不願的開始。

　　但是，孔子卻和我們很不一樣。他曾經向一個叫師襄子的音樂老師學琴（是古琴，不是鋼琴。那時還沒有鋼琴啦），他將

一首曲子反反覆覆彈了十天，把師襄子煩死了。於是師襄子就對孔子說：「孔丘，你好乖。你現在彈得很不錯了，可以練下一首曲子了。」

可是孔子說：「老師，不急。我現在只是勉強彈出旋律而已，技巧還不熟。」

過了好幾天，孔子還是在彈同一首曲子。於是師襄子說：「孔丘，你的技巧已經很熟練了，換首曲子吧。」

沒想到孔子說：「老師，不急嘛。我雖然技巧已經很熟了，可是還不懂曲子的涵義。」

又過了好幾天，師襄子實在受不了了，就說：「孔丘，我看你把曲子的感情表達得很好，顯然已經了解它的涵義了，趕快彈另外一首吧。」

孔子實在太喜歡這首曲子，想多彈幾天，於是就對師襄子

說:「老師，我在彈琴的時候，好像會看到一個人的影像，可是那影像現在還不清楚。請您讓我多彈幾天，把它看清楚好嗎？」

師襄子心想:「這學生好奇怪，居然會有這種反應。好，我就看你能變出什麼花樣來。」

幾天後，孔子在彈琴時，突然說:「老師，有了，有了！我看到那個人了！他長得黑黑、高高的，眼睛看著遠方，很有君王的派頭。唔，讓我想想看……老師，我覺得他很像周文王耶！」

師襄子聽了，興奮得從座位上跳起來，跑到孔子旁邊，不停的摸著他的頭說:「孔丘，你真是個大天才！我並沒有告訴你這首曲子的名字，你怎麼知道它就叫『文王操』?」

「操」，就是「曲」的意思。

孔子假裝很不好意思的說:

「沒有啦，我只是瞎猜，剛好被我矇對了，嘿嘿……」

其實，孔子在來上課之前，早就向別的學生打聽過，知道師襄子教的第一首曲子一定是「文王操」，所以才能演出這齣「音樂神童」的喜劇。

子在齊聞韶，三月不知肉味，曰：「不圖為樂之至於斯也。」（《論語・述而篇》）

§聊天室§

孔子非常喜歡音樂，他在齊國的時候，聽到人家演奏大舜所作的「韶樂」，覺得太美妙了，不禁心醉神往，整整三個月之久，居然連肉味都忘了。他說：「沒想到『韶樂』竟然好聽到這個地步！」

「聞」是「聽」；「不圖」是「沒想到」；「至」是「到」；「斯」是「這個地步」。

12 超級巨星

　　孔子不但是個偉大的教師、一位能幹的政府官員（請看第 20 章），也是個了不起的思想家。他的思想中最重要的是「仁」這個想法。所謂「仁」，簡單的說，就是「愛別人」的意思。他不但把這個觀念一而再，再而三的教學生，自己更是以身作則，說到做到。

　　有一次，孔子的馬房失火了，僕人趕快來向他報告。他聽了以後，只問說：「有沒有人受傷？」一點都沒問馬有沒有燒傷或燒死。這就是關心別人的表現。還有，他的「有教無類」，使老百姓都有受教育的機會，更顯示出他對同胞的愛心。

　　你可能沒有養馬，或者還沒像孔子一樣開辦一所學校，但你

也有很多機會可以實現他的教誨，做一個頂天立地的君子。他有一句「己所不欲，勿施於人」的話，說的也是「仁」的道理，在日常生活中就時常可以做到。這句話是說:「你不要人家怎麼對待你，你就不要那樣對待人家」。

比如說，你不要人家講你壞話，你就不要講人家壞話；你不要人家插你的隊，你就不要去插人家的隊；你不喜歡別人是個小氣鬼，你自己就不要當個小氣鬼等等。

因為孔子在教育上和思想上的偉大貢獻，我們尊稱他為「至聖先師」。「至聖」，就是「超級聖人」；「先師」，就是「有史以來，最棒的老師」。不但我們中國人尊敬他，就連日本、韓國、琉球、越南、新加坡的人，只要一提到孔子，也會豎起大拇

指說：「讚！」還有，現在許多歐美的學者，了解他的偉大之後，也開始研究他。所以，我如果說孔子是兩千五百歲的酷老師，你應該會同意吧！

子曰：「德不孤，必有鄰。」（《論語・里仁篇》）

§聊天室§

　　有道德的人不會孤單，一定會有和他親近的人。就像孔子，不但中國人崇拜他，連亞、歐、美洲的人也尊敬、研究他。

　　「孤」是「孤單」；「鄰」是「親近的人」。

13 英雄出少年
——子路

孔子的保鑣

子路因為只比孔子小九歲，難免會倚老賣老，再加上個性豪爽，不拘小節，常常喜歡和孔子抬槓，有時弄得孔子下不了臺，所以在孔子所有的學生當中，挨罵最多的就是他。

不過，孔子雖然罵他，其實蠻喜歡他的直性子，聽到別人批評他時，孔子就會替他辯護。

有一天，孔子聽到子路正在彈瑟，聲音非常剛猛暴躁，就嘆了一口氣說：「唉，子路怎麼把瑟彈成這個樣子？」同學聽到老師的批評，從此就瞧不起子路。於是孔子趕快替他辯護說：「其實子路的瑟已經彈得非常好了，只是還沒到最深奧的程度而已。」

子路雖然經常挨罵，但是他一點也不介意，還是非常敬愛老師。

當時有很多鄉裡的無賴看不慣孔子一天到晚講「仁」呀，「恕」呀，覺得他酸腐不堪，一找到機會就要譏笑他。有一天，一個無賴又來找碴：「哎喲，我說孔夫子啊，你一天到晚講這些大道理，擺出一副聖人的嘴臉，怎麼也不曉得娶老婆呀？哈哈哈！」

這時，其他學生都氣得臉色發青，但因為都是手無縛雞之力的書生，頂多只是斯斯文文回罵幾句，並不敢有什麼動作。

子路不同，他走到那無賴旁邊，左手一把抓住他的衣襟，把他提得高高的，右手掄起一個大拳頭，孔子都還來不及阻擋，子路已經一拳把那無賴打得血流滿面，躺在地上。

子路氣呼呼的指著他說：「小

子，你聽著，以後你膽敢再對老師無禮，老子就把你的豬頭打爛。還不快給我滾！你賴在地上裝死，還想再討打是不是？」

說著，又掄起大拳頭，把那無賴嚇得抱頭鼠竄。

其他學生蜂擁而上，把子路抬在肩膀上：「耶！耶！耶！」子路躺在同學的肩上，接受他們英雄式的歡呼，神氣得不得了，兩隻手各比了一個 V 字，嘴巴笑得都快裂開到耳朵了。

從此，再也沒有人敢嘲笑孔子了。

子見南子

衛靈公有個寵姬叫南子，長得非常漂亮，可是因為行為很不檢點，所以名聲壞透了。縱使如此，因為她實在太妖媚，所以世界上大概沒有幾個男人能抵擋她的誘惑。連孔子都受不了她的誘

惑，到宮裡去和她見面。

　　子路知道這件事以後，大發脾氣，著著實實把孔子K得滿頭包：「老師，您怎麼可以做這種事！您平常教我們說話要謹慎，行為要端正，不要和壞人同流合汙，說得像真的，結果居然跑去見南子這種壞女人！您怎麼向天下的人交代？怎麼對得起我們？」

　　孔子看到子路真的發飆，知道他誤會了，趕快解釋：「子路，你誤會了。我知道南子名聲不好，可是她是國君的寵姬，她召我進宮，我在禮貌上不能拒絕呀！再說，我們見面，也只是談一些公事，並沒有一絲一毫違反禮教的地方啊⋯⋯」

　　說到這裡，孔子自己也覺得很委屈，語氣變得很激動，大聲賭咒說：「蒼天在上，我孔丘如果和南子有任何不可告人的事情，你就處罰我吧！你就處罰我吧！」

子路看老師都發誓了，怒氣才慢慢消下來。

勇士之死

子路身體又高又壯，頭上戴了一頂插著公雞毛的帽子，腰間別著一把用公豬皮裝飾的寶劍，走起路來好跩，一搖三擺的，簡直像美國西部片裡的牛仔。

春秋時代，各國局勢非常混亂，不但國家和國家之間打個不停，而且在這些國家內部常常發生臣子殺君王或父子互相殘害的悲劇。子路的個性剛烈如火，喜歡到處打抱不平，孔子就很擔心他會有生命危險，沒想到後來果真不幸言中。

衛靈公在位時，太子蒯聵得罪了南子，因害怕被南子謀害而逃到外國。衛靈公死後，蒯聵的兒子輒即位，是為衛出公。蒯聵曾經三番兩次表示要回國，但是

衛出公怕他老爸一回國，他自己的王位不保，所以拒絕他老爸回國。

衛出公的宰相叫孔悝，子路在孔悝底下當一個縣長。所以孔悝是子路的老闆，而衛出公是子路的大老闆。

孔悝的媽媽叫伯姬，是蒯聵的姐姐。伯姬覺得衛出公很不孝，居然為了貪戀王位而不准自己的老爸回國。因此，伯姬幫助弟弟蒯聵偷偷回到衛國，躲在她家裡，兩人強迫孔悝支持蒯聵，趕走衛出公。

衛出公看到老爸回來，而且聯合了姑母和表哥來找他算帳，嚇得逃到魯國去了。

子路一聽到消息，立刻趕到孔悝家裡，發現蒯聵正挾持著孔悝，站在一個高臺上。子路震怒，指著蒯聵大罵說：「你趕快把孔老爺放了，不然我就對你不客

氣！」

蒯聵拿著劍指著孔悝說：「子路，你敢再上前一步，我就先把孔悝殺了！」

子路說：「你少唬我。我知道你是個膽小鬼，你再不放孔老爺走，我就放火燒臺！」

蒯聵一聽子路要放火燒臺，真的怕了，就派了兩個武士來殺子路。

子路一個人要打兩個人本來就很吃虧，再加上他用的武器是劍，而對方用的是長戈，更使他處於只能防守，不能攻擊的困境。

兩個武士前後夾攻，後面的武士一戈把子路的帽帶砍斷了。

子路是個堂堂正正的血性漢子，發現自己的帽子歪了，搖搖欲墜，於是大聲的說：「大丈夫縱使死了，也不可以讓帽子落地！」說著，就停下來結帽帶。

這時，前面的武士一戈刺進子路的心窩。一代勇士，就這樣犧牲了。

雙Q論語

子曰：「片言可以折獄者，其由也與！」子路無宿諾。（《論語・顏淵篇》）

§聊天室§

孔子稱讚子路平常為人講信用，所以當他處理訴訟案件時，只要一兩句話，不論原告或被告對他的判決都心服口服。還有，他答應人家的事，會馬上去做，不會拖三拖四。

「片言」是「半句話」；「折獄」是「判決訴訟案件」。子路名「仲由」，所以孔子稱他為「由」，「子路」是他的字。「與」同「歟」，是句末語助詞。「宿」是「積久的」；「諾」是「承諾」。

14

小兵立大功
——子貢

　　子貢比子路小二十二歲，在同學當中算是個小弟弟。可是這個小弟弟，憑著他的智慧和口才，卻替魯國做了一件大事，同時改變了那時整個國際局勢。

楔子：魯國的危機

　　齊國大臣田常是個野心勃勃的傢伙，正祕密進行一項陰謀：他想舉兵作亂，殺死國君，然後自己稱王。

　　幸好齊國有高昭子、國惠子、鮑牧、晏圉四位卿大夫馬上出來保護國君。他們對田常說：「田常！我們知道你的鬼主意，你敢搗蛋，我們就斃了你！」

　　高昭子、國惠子、鮑牧、晏圉的兵力比田常強很多，田常不敢直接和他們對抗，於是見風轉

舵，編了一個理由：「哎呀，四位大夫，我集結重兵，是要攻打魯國，替國家開拓疆土，哪裡是要造反？你們誤會了。」

說著，真的命令軍隊朝魯國進發。

孔子在衛國聽到這個消息，馬上召集學生開會。他說：「齊國田常派兵侵略魯國。魯國是我們的祖國，我們雖然人在國外，也不可忘本，祖國有難，一定要幫忙。你們有誰願意去和田常談判，阻止他攻打魯國？」

子路和子貢同時舉手說：「我去！」

孔子想了一下，覺得子路雖然很勇敢，但有時太莽撞，容易闖禍。比較起來，子貢口才非常好，而且很機智，應該可以擔當這個重任。所以他選了子貢。

第一回合：齊國

子貢先到齊國，對田常說：「田將軍，你想靠出兵攻打魯國來立功，其實並不是那麼容易。依我看來，你如果真的想要在國內樹立威望，應該攻打吳國，事情會簡單很多。」

田常聽了，氣得指著子貢罵說：「小子，你聽著：人家都說你子貢聰明，但是我看你根本就是個大笨蛋！魯國弱而吳國強，你叫我不打魯國卻跑去打吳國，你白痴啊！」

子貢站起來，對田常深深一揖，微笑著說：「請將軍息怒，容我把事情講清楚。正因為魯國弱而吳國強，所以你應該攻打吳國。」

田常又氣起來，眼睛瞪得像銅鈴，大聲罵：「你在胡說八道些什麼！你再鬼扯，我叫兵士把你

打出去！」

　　子貢一點也不驚慌，只是冷靜的說：「田將軍，貴國國君曾經三次要封賞你，以表揚你的戰功，結果三次都沒封賞成功，為什麼呢？」

　　這是田常最痛恨，又最傷心的一件事，現在被子貢這麼提出來，一時啞口無言。過了一會兒，才咬牙切齒的說：「因為有些大臣反對。這些混蛋，哪天一定要他們好看！」

　　子貢說：「每一次，你辛辛苦苦打勝仗，替國家開拓疆土，齊國國勢變強了，這些大臣權力越來越大，享盡榮華富貴，而你卻一點好處都沒有。這次伐魯，你怎麼知道不會老故事重演呢？」

　　田常沉吟了好一會兒，才問道：「那麼依你的看法，我應該怎麼做？」

　　子貢說：「你應該打敗仗，不

要打勝仗。」

田常差點又要跳起來罵人，可是看到子貢一副正經八百的樣子，不像在開玩笑，才硬是把氣強忍下來，沒發作。

子貢繼續說：「你要出兵攻打哪個國家，都需要國內那些大臣的批准。如果你打了敗仗，就可以向你們的國君說：『這些大臣判斷錯誤，害國家遭受重大的損失，應該引咎辭職，以謝國人！』等這些大臣都下臺，國內再也沒有反對你的人，你的勢力不就變大了嗎？」

田常聽了，高興得一直搓著手：「太好了！太好了！子貢，你真是個大天才！剛才我講話……嗯……比較火爆，不好意思啦！嘿嘿嘿……」

子貢說：「田將軍，你現在知道我為什麼建議你攻打吳國，不要打魯國了嗎？」

田常點頭如搗蒜:「知道,知道!因為吳國強而魯國弱,攻打吳國才會打敗仗。」他想了一會兒,忽然眉頭一皺:「可是,我接到的命令是攻打魯國,怎麼能跑去打吳國呢?」

子貢說:「這個請你放心。我馬上就要出發到吳國,請他們派兵支援魯國。同時,你這邊先暫時不要再往魯國前進,等吳國的軍隊到了,對你們展開攻擊,你就可以向國內大臣請求對吳兵作戰。」

田常說:「太好了,那就麻煩你跑一趟吳國了。」

第二回合:吳國

齊國在山東省北部,而吳國在江蘇省。子貢騎著快馬奔馳了好幾天,來到吳國。

他對吳王夫差說:「大王,齊國即將攻打弱小的魯國,他們如

果併吞魯國，勢力會變得非常強大，對貴國造成很大的威脅。請大王趕快主持正義，發兵救魯，以彰顯您的威名。您這樣做，名義上是解救魯國，實際上是在打擊齊國，保護貴國的利益啊。」

吳王考慮了一下，說：「你說的有道理，但是我們有我們的困難。不久前我們打敗越國，把越王句踐擊退到會稽。聽說越王正臥薪嘗膽，準備復仇。為了吳國的安全，我必須先把越國消滅，免得他們趁我出兵解救魯國的時候來攻打我們。你的計畫等以後再說吧。」

子貢說：「如果大王擔心越國趁機作亂，我會去見越王，請他們派兵幫助貴國攻打齊國。我們表面上是邀請越國加入伐齊的陣容，實際上是削減他們國內的兵力。這樣一來，大王就可以放心伐齊救魯。」

吳王聽了，說：「就這麼辦。你和越國談得如何，馬上讓我知道。」

第三回合：越國

越國在浙江省，是吳國的鄰居。越王聽說子貢要來，非常高興，親自到郊外迎接，並且以自用的馬車，把子貢送到接待國賓的行館。

到了行館，越王很客氣的對子貢說：「我們越國是一個落後的小國，一切都很簡陋。這次先生不辭辛苦前來，不知道有何指教？」

子貢說：「謝謝大王熱誠的招待。這次來拜訪貴國，有重要事情要向大王報告。」

越王對子貢點點頭：「請說。」

子貢說：「最近齊國出兵要攻打魯國，我請吳王伐齊救魯。吳王雖然原則上同意我的請求，卻

對貴國懷有戒心，怕您趁機報仇。他說：『我必須先把越國消滅。』所以看來他會先攻打貴國，然後才攻打齊國……」

聽到這裡，越王句踐露出焦慮不安的神色。

子貢停了一下，繼續說：「大王，貴國如果沒有報仇的意思，而被人家懷疑，那是很冤枉的事；反過來說，貴國如果的確有報仇的意思，可是又被人家事先察覺，那也是很危險的事。」

越王說：「你知道，我們曾經和吳國作戰，受困於會稽，傷亡慘重，差一點亡國。這血海深仇，一日不報，我死也不瞑目！」

子貢說：「大王請寬心。吳王個性凶暴，他的臣子個個對他又怕又恨，做起事來只求敷衍塞責，根本沒有效率。再加上連年征戰，國力疲憊，人民都怨恨政府。不久之後，吳國的國勢一定

會衰退。」

越王問：「那麼要如何阻止吳國現在來打我們？」

子貢回答：「請大王鼓勵吳王攻打齊國，解救魯國。吳國如果戰敗，那是您的福氣；吳國如果戰勝，一定會乘勝襲擊晉國。我準備到晉國去，請晉王和您合作，夾擊吳軍。吳軍大部分精銳部隊會在對齊國的戰役中喪失，絕對抵擋不住越晉聯軍的攻擊。」

越王緊接著又問：「你這計畫很好，但是我要如何鼓勵吳王攻打齊國？」

子貢說：「第一，請大王向吳王表示，您願意派兵協助他攻打齊國，激發他的鬥志；第二，送重禮給吳王，討他的歡心；第三，對吳王講些甜言蜜語，讓他覺得您對他非常恭順。」

越王非常喜歡子貢的分析和幫忙，要送子貢兩千四百兩金

子，一把寶劍和兩支銳矛，但是子貢辭謝了。

第四回合：回到吳國

子貢回到吳國，對吳王夫差說：「越王句踐的態度非常恭敬。他說，您當年的不殺之恩，感激都來不及，怎麼還敢有任何不良居心？為了表示服侍大王的誠意，他樂意派兵協助大王伐齊。」

吳王聽了，簡直樂歪了。

五天之後，越國大臣文種來晉見吳王，說：「聽說大王將興正義之師，討伐齊國，敝國準備派精兵三千，追隨大王，共襄盛舉。另外，微臣帶來先王所持武器，和精工打造的鐵甲衣及矛、劍，請大王轉贈貴國出征將領，以表敝國的敬意！」

等到文種離開，吳王立即召子貢進宮，問道：「越王說要派三千精兵助我伐齊，又送了禮物給

我的將領。你的意思如何？」

子貢說：「禮物可以接受，但是不要接受越國派兵。越國是個小國，如果叫他們派兵助陣，會讓他們的老百姓受苦，這是不義的行為，有失貴國泱泱大國的風度。」

於是吳王謝絕越王派兵助陣，自己派出大批兵馬，攻打齊國。

第五回合：晉國

晉國在山西省，子貢馬不停蹄，從江蘇的吳國，狂奔半個月，一路趕來。

他對晉王說：「大王，現在吳、齊交戰，如果吳國輸了，越國可能會趁機攻擊吳國；可是如果吳國贏了，他們可能會乘勝攻打貴國。」

晉王聽了很著急，問道：「那怎麼辦？你有什麼好對策？」

　　子貢說：「讓兵馬養精蓄銳，以待良機。」

第六回合：大決戰

　　吳軍日夜急行，很快趕到前線，和魯軍會師。

　　齊軍正往魯軍陣地挺進，人人鬥志高昂，摩拳擦掌，準備大幹一番。沒想到田常卻忽然下令，叫全軍停止前進，就地紮營。

　　士兵不知道發生什麼事，謠言滿天飛：有人說齊國國內發生叛亂，他們很快會被調回去平亂；有人說載運軍糧的車隊受到魯國游擊隊的攻擊，他們很快就沒飯吃。於是軍心渙散，士兵的鬥志全消。

　　就在此時，吳魯聯軍來襲，齊軍不堪一擊，死傷累累。

　　吳軍大勝後，士兵興高采烈，準備凱旋回家。但是在回鄉

途中，吳王突然命令士兵改道西進，進攻晉國。吳國士兵個個罵不絕口，士氣跌到谷底。

晉國本來就是一個強國，加上子貢通風報信，事前早有充分準備。這時晉兵以逸待勞，把累得半死，又一肚子怨氣，根本無心作戰的吳兵打得落花流水。

越王句踐聽到吳軍攻晉大敗，認為報仇時機已到，立刻率軍渡錢塘江攻吳，一路勢如破竹，轉瞬間攻抵離吳宮七里的地方。

吳王夫差大為恐慌，急忙從晉國撤退，趕回吳國，迎戰越軍。但是，一切都太晚了。越軍士氣如虹，很快攻陷吳宮，殺死吳王夫差，滅了吳國。

尾聲

子貢這個小弟弟，以他卓越的外交才華，解救了魯國，滅了

79

吳國，打擊了齊國，強大了晉國和越國。他用一個人的智慧，改變五個國家的命運，真是名副其實的「小兵立大功」。

 雙Q論語

子曰：「人無遠慮，必有近憂。」（《論語·衛靈公篇》）

§聊天室§

為人做事，一定要有深遠周到的考慮，否則很快就會有壞事發生。吳王夫差就是個最好的例子。

在這裡，「遠」是「深遠周到」；「近」是「目前」；「憂」是「憂患」。

15 比爾蓋茲算老幾？

　　子貢聰明絕頂，很愛說話也很會說話，因為他的外交才華，曾經當過魯國和衛國的宰相，也曾經以一個人的智慧，改變五個國家的命運（請看第14章）。

　　他不但書讀得好，也很會做生意，是孔子的學生裡最富有的，有人說他是「儒商」的鼻祖。儒，是「讀書人」。儒商，就是「會做生意的讀書人」。

　　他很會預測物價的漲跌，在東西便宜的時候買進來，等到價錢漲高了再賣出去。如果生在現代，子貢一定是個股票大王。子貢雖然非常有錢，但是做人極為正派，孔子很欣賞他，稱讚他經商是因為不願意受命運的擺布。

　　因為子貢在外交上許多傑出的建樹，有一個叫陳子禽的人對

他說:「你太謙虛了，其實你比你的老師要偉大得多了。」他馬上義正辭嚴的駁斥:「說話要小心，因為只要我們說的一句話，人家就能知道我們到底是個聰明人，還是個大笨蛋。老師的崇高偉大，是沒有人能趕得上的，就像沒有人能用梯子爬到天上一樣。」

他和孔子的師生感情非常深厚，簡直像父子。孔子重病時，子貢趕去看他。孔子在門口看到子貢，就說:「子貢，怎麼到現在才來呢?」然後就唱了一首歌給子貢聽:

泰山就要崩了啊！
梁柱就要斷了啊！
哲人就要死了啊！

七天後，孔子就逝世了，這時是西元前 479 年，孔子享年七十二歲。跟隨的弟子都為孔子帶

孝三年，只有子貢在孔子的墳墓旁蓋了一間茅草屋，陪了他最敬愛的老師六年後才離開。

子貢是個有情、有義、有才、有財的君子，不但孔子欣賞他，我也會很樂意把女兒嫁給他。微軟公司的老闆比爾蓋茲雖然也是一個很聰明的有錢人，可是終究還不曾當過兩個國家的行政院長（宰相），也尚未改變五個國家的命運，所以還需要向子貢多多學習哩。

雙Q論語

子貢問曰：「有一言可以終身行之者乎？」子曰：「其恕乎！己所不欲，勿施於人。」（《論語‧衛靈公篇》）

§聊天室§

你終於知道「己所不欲，勿施於人」的出處了。子貢問孔子說：「有一句話我能終身奉行的嗎？」孔子回答說：「那就是個『恕』字吧，你不要人家怎麼對待你，你就不要那樣對待人家。」

「恕」，簡單的說，就是「將心比心」，或者「替別人著想」。

有趣的是，在差不多六百年後，耶穌也講了類似的話：「你要人家怎麼對待你，你就要那樣對待人家。」這句話出自〈馬太福音〉第七章，短短的一句話，卻包含了做人做事最重要的原則，所以在英文裡把它叫做 "Golden Rule"，也就是「金科玉律」。

16 都是鬥雞惹的禍

　　你聽過因為爭奪土地、寶物、美女而發生戰爭，你也聽過因為宗教不同而發生戰爭。但是你聽過因為鬥雞而發生戰爭嗎？

　　鬥雞？對啊，就是你找一隻很凶的公雞，我也找一隻很凶的公雞，然後讓牠們打架。誰的雞打輸了，就要給對方錢。

　　魯國兩個貴族季孫氏（又名季平子）和郈昭伯也玩鬥雞比賽，而且兩個人都作弊：季孫氏在鬥雞的翅膀上撒芥末，想用芥末把郈昭伯的雞弄瞎；郈昭伯也不是省油的燈，他在鬥雞的爪子上裝鐵刺，以加強雞的殺傷力。

　　兩隻雞開始打架，結果芥末敵不過鐵刺，季孫氏的雞被抓得滿身都是血，躺在地上奄奄一息。

　　季孫氏大怒，指著邱昭伯說：「你作弊！」

　　邱昭伯也指著季孫氏的雞說：「你才作弊！輸了就想賴皮是不是？」

　　兩個人都拔出劍來，當場就要打起來，幸虧雙方的朋友勸解，方才停住。

　　季孫氏回到家裡，心裡越想越氣：「邱昭伯這個混帳！我季孫氏是全魯國勢力最大的人，連國君都要讓我三分，你居然敢在太歲爺頭上動土。不給你一點顏色看，你把老虎當病貓！」

　　於是，季孫氏派兵把邱昭伯的官邸占領了。

　　邱昭伯的兵力沒有季孫氏強大，不敢和他直接對抗，只好跑到魯昭公那裡求救：「主公，季孫氏和我鬥雞輸了，居然惱羞成怒，派兵侵占我的官邸。請主公主持正義！」

　　魯昭公本來對季孫氏就很感冒，因為季孫氏和叔孫氏、孟孫氏狼狽為奸，把持魯國國政，根本不把魯國國君放在眼裡（請看第19章）。魯昭公心裡很不爽，想要削弱這三家貴族的力量，收回國家大權，但是自己的兵力不足，而且也沒什麼藉口懲罰他們，所以一直不敢輕舉妄動。

　　現在季孫氏侵占郈昭伯的官邸，正好給魯昭公一個很好的機會。於是魯昭公和郈昭伯聯合起來，攻打季孫氏。季孫氏雖然軍力強大，但還是敵不過魯昭公和郈昭伯的聯軍，被打得節節敗退，不但退出占領的郈昭伯官邸，連季孫氏自己的官邸都守不住，被聯軍攻入。

　　季孫氏逃到一個高臺，向魯昭公大聲求饒說：「主公，是我不好，不應該侵占郈昭伯的官邸。我願意把這個官邸捐給國家，我

自己搬到費邑去。」

魯昭公根本不理，繼續指揮聯軍攻打高臺。

季孫氏看到情勢非常危急，只好跪下來，對魯昭公說：「主公，請饒微臣一命，微臣願意馬上離開魯國，永遠不再回來。」

魯昭公聽了，有點心動。他想，只要季孫氏離開魯國，就再也沒辦法干涉朝政了。但是郈昭伯在旁邊勸說：「主公，斬草不除根，春風吹又生。我們今天要是放了他，說不定哪天他又從國外回來作亂。」

魯昭公想到平時季孫氏囂張跋扈的樣子，覺得郈昭伯講得有道理。魯昭公用劍指著季孫氏說：「你欺君罔上，無惡不作，還有臉向我求饒？」說到這裡，魯昭公回頭向聯軍官兵說：「眾將官，誰能替我取這叛賊首級的，有重賞！」

就在這時，遠處大隊軍馬飛奔前來，前面一個騎馬的將領在遠遠就大喊:「季孫大人不要怕，我們來救你!」

原來孟孫氏和叔孫氏聽說魯昭公攻入季孫氏官邸，怕萬一季孫氏被殺，魯昭公下一個會拿他們開刀，所以趕來救援。

季孫氏看到援軍來到，精神大振，對他的官兵叫說:「孟孫大人和叔孫大人來幫我們了，大家衝啊!」

季孫氏的軍隊配合孟孫氏和叔孫氏聯軍前後夾擊，把魯昭公和郈昭伯聯軍打得落花流水。混亂中，郈昭伯被季孫氏一劍刺死，魯昭公僥倖逃過一命，帶著幾個貼身侍衛，狼狽不堪的逃到齊國。

這場混戰，雙方兵士死傷無數。不但如此，郈昭伯死了，魯昭公逃到國外。所有這些，都是

為了兩隻鬥雞。你說荒唐不荒唐？

孔子看到自己的國家亂七八糟，心裡非常難過。不久之後，他也離開魯國，到了齊國。

子曰：「巧言亂德；小不忍則亂大謀。」（《論語·衛靈公篇》）

§聊天室§

花言巧語耍嘴皮，容易敗壞道德；小事不能忍耐，就會敗壞大事。季孫氏和郈昭伯為了鬥雞把國家弄得一塌糊塗，真是名副其實的「小不忍則亂大謀」。

「巧言」是「花言巧語」；「謀」是「計畫；事情」。

17 苛政和老虎

　　苛政，就是嚴酷的政令，也就是一大堆無聊或無理的法令，再加上一大堆有的沒有的稅捐。老百姓在苛政底下過日子最可憐，一不小心就被抓去關起來，自己都不知道犯了什麼錯。好不容易辛辛苦苦賺到一點錢，又全部繳稅繳光了。只要爛政客上臺，就會有苛政。

　　魯國的政局在鬥雞之變（請參考第16章）以後，變得亂七八糟，孔子的心情也一天比一天鬱卒。最後，他終於決定離開魯國，帶著學生到齊國去。

　　孔子和學生走到泰山旁邊的時候，忽然聽到一個女人的哭聲。孔子把馬車停住，身子往前傾，靠在車前橫檻上聽了一會兒，說：「這婦人怎麼哭得這麼傷

心？難道家裡發生什麼不幸的事情？子路，你去看看到底怎麼回事。」

子路走到婦人旁邊說：「這位大嫂，怎麼一個人在荒郊野外哭得這麼傷心？這附近有很多老虎出沒，您這樣很危險喔。」

婦人一面哭，一面說：「是啊，從前老虎咬死了我的舅舅和丈夫，昨天老虎又咬死了我的兒子。我的兒，你好可憐啊。嗚嗚嗚……」

子路說：「老虎既然這麼凶，您為什麼不趕快搬家，還要一直住在這裡呢？」

葉公問政。子曰：「近者說，遠者來。」（《論語‧子路篇》）

§聊天室§

葉公是楚國一個大夫，向孔子請教為政之道。孔子說：「先使附近的人安居樂業，遠方的人聽到風聲，自然都來歸化了。」

「說」就是「悅」。

　　婦人說：「這裡雖然有老虎，可是沒有苛政啊。嗚嗚嗚……」

　　子路把婦人的話告訴孔子，孔子嘆了一口氣，說：「大家聽著，這位大嫂說得真對。苛政的確比老虎還可怕啊！」

18 魯國惡霸
——陽虎

　　季孫氏（又名季桓子，也有人叫他季孫斯，是愛鬥雞的季平子的兒子）有個叫陽虎（又名陽貨）的家臣，「鴨霸」得不得了，連他主人都要怕他三分。有一次，季孫氏請城裡讀書人到他官邸作客。那時孔子才剛創立學校兩年，母親也才逝世一年，所以還在帶孝。

　　孔子覺得這是一個見世面的好機會，就興沖沖趕到季孫府赴宴。個子高壯，態度傲慢的陽虎站在門口把關，一看到孔子就凶巴巴的問：「你是誰？」

　　孔子說：「我叫孔丘。」

　　陽虎聽過孔子創辦私人學校的事，知道孔子只是個沒錢沒勢的窮書生，就找了一個藉口拒絕：「你身上還帶著孝，我們不能

招待你。趕快走開，別的客人來
了！」

孔子只好沒趣的離開，心想
以後再也不要來季孫府，受這種
勢利小人的氣。孔子不知道的
是，這次的會面，其實是他和陽
虎一段很長的「緣分」的開始
哩。

二十二年後，陽虎和季孫氏
另外一個家臣梁懷玉發生衝突，
陽虎竟然把梁懷玉關起來。季孫
氏知道以後，非常生氣，就命令
陽虎把梁懷玉放出來。陽虎不但
不服從命令，乾脆連季孫氏也一
起關起來！

季孫氏氣瘋了，在監牢裡指
著陽虎罵：「你這個忘恩負義的東
西，看我出來怎麼收拾你！」

陽虎說：「季孫大人，不是我
故意要冒犯您，而是您做事太絕
情。我跟了季孫家三十多年，再
怎麼說也是個老臣，沒想到在您

的心目中，我居然還比不上梁懷玉那個小癟三！」

　　李孫氏被關了好幾天，看看陽虎並沒有要放他的意思，開始有點著急。他改用很溫和的語氣對陽虎說：「陽虎，我知道你受了委屈，只要你放我出來，我一定還你一個公道。」

　　陽虎說：「李孫大人，只要你在這張協議書上蓋章，我馬上放你出來。」

　　李孫氏看那張協議書主要寫著兩點：一、出獄後不得對陽虎採取任何報復行動，二、將來所有關於國家大事的決定，都要經由陽虎的同意。

　　這些要求很不合理，但是陽虎是個粗人，李孫氏知道如果他不答應，陽虎很可能會把他殺掉，所以只好和陽虎達成協議。

　　從此，魯國的政治進入一個很奇怪的局面：李孫氏操縱國君

魯定公，而陽虎又操縱季孫氏，所以實際上變成陽虎在主持國政。歷史書把這個奇怪的現象稱為「陪臣執國政」。

　　陽虎掌權以後，一直希望能拉攏德高望重的人替他效勞，好壯大他集團的聲勢。他第一個想到的就是孔子。那時孔子已經不是當年那個沒沒無名的窮書生，而是一個聞名國際的大學者。可是孔子討厭陽虎的為人，每次陽虎派人來請孔子去做官，都被孔子拒絕了。

　　陽虎想到一個辦法，可以使孔子非來見他不可。他想，只要能和孔子見面，一定可以說服孔子出來做官。

　　那時社會上有個習俗：大夫送禮給讀書人，如果讀書人剛好外出，沒有親自在家接受禮物，那麼這個讀書人就要到大夫家道謝。於是陽虎就趁孔子不在家

時，派人送給孔子一隻烤乳豬。孔子知道陽虎的用意，也趁陽虎不在家時要去致謝。沒想到好死不死，兩個人卻在路上碰到了。

陽虎對孔子大剌剌的說：「孔丘，你過來！我要和你說話。」

孔子只好硬著頭皮走過去。

陽虎說：「有一種人，非常有才華，可是眼見自己的國家政局亂七八糟，卻不肯出來替國家做事。這樣的人，算是一個仁愛的人嗎？」

孔子知道陽虎指桑罵槐在批評他，但是沒辦法，只好回答說：「不算。」

陽虎又問：「有一種人，非常想報效國家，可是卻老是錯失良機。這樣的人，算是有智慧的人嗎？」

孔子說：「不算。」

陽虎說：「日子一天一天過去，時間是不會等待我們的啊！」

孔子被他說得無言以對，只好說：「是啊，我看我是該出來從政了。」孔子雖然禮貌上這樣說，但他也一直沒出來替陽虎做事。

陽虎掌權以後，膽子越來越大，竟然嫌季孫氏礙手礙腳，想乾脆把他殺了，取代他的地位。於是陽虎在蒲圃這個地方設宴，同時也埋伏了許多武士，然後請季孫氏來吃飯，準備暗殺季孫氏。

蒲圃內，埋伏的武士全神貫注，注意外面的動靜。季孫氏的馬車遠遠走過來了，武士們又興奮，又緊張，呼吸變得很急促。可是，不知道怎麼搞的，馬車越走越慢，終於停下來，馬車夫回頭在聽季孫氏的指令。

突然，馬車夫把韁繩一拉，鞭子往馬身上一抽，馬車掉轉方向，往孟孫氏的官邸狂奔。

陽虎大喊一聲：「他發現了！

大家追！」

蒲圃內的武士傾巢而出，追趕馬車。孟孫氏的大將公斂處父率領軍隊，出來保護季孫氏。陽虎的弟弟陽越窮追不捨，被公斂處父一箭射死。然後，公斂處父率領軍隊，把陽虎的武士殺得片甲不留。

陽虎看到大勢已去，率領剩下的徒眾，逃到陽關，公然叛亂，與政府為敵。

一年後，魯定公和季孫氏率領聯軍，討伐陽虎。陽虎被打得大敗，先逃到齊國，又逃到宋國，最後逃到晉國。「陪臣執國政」的鬧劇終於閉幕。

這次，陽虎雖然落荒而逃，但是他和孔子的「緣分」未盡，還是繼續帶給孔子衰運。幾年之後，孔子在周遊列國時（請參考第22章），由衛國前往陳國，途中經過匡城，居然被當地的居民

包圍，高喊著要殺他。後來吵了半天，才發現是一場誤會。

原來魯國曾經攻陷匡城，當時的魯軍就是由陽虎率領，所以匡人恨死了陽虎。但是，這和孔子有什麼關係？因為──孔子長得很像陽虎，所以匡人以為他們抓到了大仇人。

你說孔子倒不倒楣？

雙Q論語

子曰：「其身正，不令而行；其身不正，雖令不從。」（《論語‧子路篇》）

§聊天室§

在上位的人自己行為端正，人民自然而然就會效法，根本不需要他發布命令；要是他自己行為亂七八糟，縱使一大堆命令，也不會有人甩他。總而言之，就是要以身作則啦。所以陽虎那種人，怎麼可能請得動孔子出來替他做事？

「其」是「他的」，在這裡指在上位的人。「身」是「行為」；「令」是「命令」；「正」是「端正」；「從」是「服從」。

19 三城記

周朝初年，天子為天下的共主，各國諸侯都要聽他的命令；在各個諸侯的國家裡，諸侯是主人，所有的卿大夫都要聽他的命令；而在各個卿大夫的封地裡，卿大夫是主人，所有的家臣都要聽他的命令。

這就是所謂的封建制度。根據這個制度，天子管諸侯，諸侯管卿大夫，卿大夫管家臣。

但是到了春秋時代（西元前 722～前 481 年），所有這些規矩都破壞了。各國諸侯不但不把周天子放在眼裡，甚至起兵叛亂，把天子射傷。同時，在各個諸侯國家內，卿大夫變得非常蠻橫，根本不聽諸侯的命令，有的還把諸侯殺掉。最奇怪的是，在有些卿大夫的封地，家臣不但控制卿大夫，

甚至起兵造反，要趕走諸侯。

魯國的國君是個諸侯。孔子當大司寇時，魯國的政權被三個卿大夫把持，當時的國君魯定公並沒有什麼權威。這三個卿大夫：季孫氏（又名季桓子，也有人叫他季孫斯，是愛鬥雞的季平子的兒子）、叔孫氏、孟孫氏，為了鞏固自己的軍事力量，各自在封地內蓋了又高又堅固的城堡，而且養了很多私人軍隊。

季孫氏的城堡在費邑；叔孫氏的在郈邑；孟孫氏的在成邑。孔子想要把這三個城堡拆掉，削弱三個卿大夫的實力，讓魯定公收回政權。但是他也知道，魯定公的兵力薄弱，沒辦法同時強行拆除三個城堡，一定要一個一個來。

孔子先向叔孫氏說：「大夫，您的城堡這麼堅固，萬一家臣造反，占據了城堡，會很難攻打。

為了您自己的安全，請考慮把郕邑的城拆了吧。」

叔孫氏的確很擔心他的家臣造反，就趁這個機會向他的部下宣布：「孔大司寇說我們的城牆太過高大，不符合天子的規定，我覺得他說得很對。」於是就派軍隊把郕邑的城堡拆除了。

叔孫氏拆了城堡以後，孔子的下一個目標是季孫氏。

子路在季孫氏家當總管，孔子便請他把拆城的意思轉達給季孫氏。那時季孫氏在費邑的城堡被公山不狃和叔孫輒兩個家臣控制住，隨時會造反，使他非常頭痛。所以一聽到子路的建議，馬上同意，準備學叔孫氏的方法，用周天子的規定為藉口，派兵把城牆拆掉。

沒想到季孫氏要拆城的風聲一洩露，公山不狃和叔孫輒居然先發制人，立即在費邑造反，而

　　且派兵攻打魯國的國都，魯定公和三個卿大夫在侍衛保護之下趕緊躲到季孫氏的宮廷，登上一個高臺避難。

　　叛軍把高臺團團圍住，魯定公的侍衛雖然奮勇作戰，但是敵眾我寡，侍衛漸漸支持不住，高臺隨時會被攻陷，情況非常危急。

　　就在這時，叛軍的外圍忽然塵土飛揚。等到塵埃落定，現出兩面軍旗，一面繡著大大的「申」字，一面繡著大大的「樂」字。原來孔子聽說公山不狃和叔孫輒襲擊國都，便命令申句須和樂頤兩位將軍立即帶兵來保護魯定公。

　　叛軍在魯軍和侍衛前後夾攻之下開始節節敗退，公山不狃和叔孫輒看情況不對，急忙下令撤退，帶著部隊往北邊逃命。申句須和樂頤乘勝追擊，殺死叛軍無

數。公山不狃和叔孫輒逃到齊國，雖然保全了性命，但是再也無法在魯國作亂。

申句須和樂頎帶著凱旋的軍隊到達費邑。公山不狃和叔孫輒的餘黨聽說叛變失敗，而且主人已經逃到齊國，一個一個嚇死了，馬上全部向魯軍投降。於是，魯軍順利把費邑的城堡拆除了。

到目前為止，三個城堡已經拆掉兩個，只剩下孟孫氏在成邑的城堡還沒拆。

孟孫氏本來想學叔孫氏，自動把城堡拆除，可是他的家臣公斂處父勸告說：「我們離齊國很近，要是把城拆掉，齊國一定會趁機來攻打，那時我們一點防衛的力量都沒有。沒有城，就沒有孟孫氏。請大夫三思。」

孟孫氏知道公斂處父一向對他忠心耿耿，絕對不會占據成邑

的城堡造反，再加上齊國的確是個威脅，所以最後決定聽從公斂處父的勸告，拒絕拆城。

孔子催了孟孫氏好幾次，孟孫氏都不聽。魯定公不得已，只好派兵強制執行。魯兵把成邑團團圍住，但是孟孫氏的軍隊非常精銳，魯兵死傷慘重，還是無法把城堡攻破。

魯定公覺得長久堅持下去，對魯國非常不好，於是命令撤軍。

孟孫氏的城沒有拆除，使孔子覺得非常遺憾。但是，三座城

雙Q論語

子曰：「不在其位，不謀其政。」（《論語‧泰伯篇》）

§聊天室§

這句話的意思是：「你不在那個職位，就不要去處理那個職位的事情。」比如說，一個縣長，不應該去管行政院長的事，否則就是越權。季孫氏、叔孫氏、孟孫氏專橫跋扈，根本不把魯國國君放在眼裡，哪會聽得下孔子這句話？

「謀」是「計畫、處理」；「政」是「事情」。

堡拆掉兩座，也是不錯的成績，
至少，把季孫氏和叔孫氏的勢力
削減許多。除了夾谷之會（請看
第 20 章），這也是孔子當大司寇
的重要政績之一。

20 偷雞不著蝕把米
——齊景公

　　孔子除了教育學生，心裡一直有個願望，希望能在政府擔任公職，替更多的老百姓做事。在他五十一歲那年，這個心願終於實現了。

　　魯定公派孔子當中都這個地方的縣長，中都在現在的山東。孔子才當了一年的縣長，就把中都治理得有條有理。農人努力耕作，商人誠實做生意。因為治安良好，沒有小偷和強盜，大家晚上睡覺時根本不必關大門。路上交通井然有序，絕對不塞車。於是中都變成一個模範縣，全國的縣長都來考察，向孔子學習如何當老百姓的好公僕。

　　魯定公看孔子表現優良，就把他升為工程部長，過了不久又把他升為相當於現在的司法院長

兼行政院長。

　　齊國在魯國隔壁，他們的國王齊景公看到魯國重用孔子，國力越來越強大，心裡很著急，怕魯國將來成為超級強國，會來攻打齊國。於是齊景公把他的一些大臣叫來開會，問他們有什麼好辦法對付魯國。

　　有一個叫黎鉏的大臣，低聲在齊景公耳朵旁邊講了一些悄悄話，齊景公聽了非常高興，說：「好！好！你這辦法很好，我們就這麼做！」

　　幾天後，齊國的使者來到魯國，對魯定公說：「我們的國王齊景公非常佩服您的英明，把魯國治理得這麼好，想邀請您到夾谷這個地方開友好會議，商量我們兩國的合作計畫。」

　　魯定公聽了齊國使者拍馬屁的話，尾巴都要翹起來了，以為自己真的很了不起。到了開會時

間，隨便坐上一輛馬車，叫孔子和幾個隨從陪著，就要去夾谷。

孔子趕快向魯定公說：「這是個國際會議，我們不知道齊國在打什麼主意。為了安全起見，我建議還是帶一些精銳部隊同行，以便保護您。」

魯定公覺得孔子說得有道理，於是命令兩個大將軍，帶著他們的兵士，先到夾谷的樹林裡躲起來，以防萬一。

魯定公隨後到了夾谷，和齊景公見過面、互相問好後，兩人便走上一個高臺，準備開會。

這時，主管典禮的齊國司儀大聲喊：「請兩位大王欣賞民族音樂！」話才說完，埋伏在四周的齊兵突然出現。這些兵，個個高頭大馬，走著整齊的步伐，把會議的高臺團團圍住。他們手裡拿著刀、劍、矛、盾，少數幾個沒拿武器的，就拿著鑼鼓，用力敲

打。

魯定公被嚇壞了，臉色蒼白，一直發抖。孔子一看情況危急，馬上衝到會議臺上，義正辭嚴的對齊景公說：「大王！今天我們兩國和好，在這裡開會，演奏這種不倫不類的民族音樂，對我們的國君是一種侮辱。請大王命令他們退下！」

齊景公只是笑笑的看著孔子，一句話也沒說。底下齊兵越走越近，而且鑼鼓越敲越大聲。

原來，這就是黎鉏和齊景公商量好的陰謀：把魯定公騙到夾谷，先敲鑼打鼓羞辱他，然後再綁架他。

孔子這時很鎮靜的站起來，對著臺下大喊：「將軍聽令！」

埋伏在樹林裡的兩位將軍立刻站出來，立正行禮說：「在！」

孔子說：「就戰鬥位置！」

兩位將軍轉身對著樹林的方

向發令：「就戰鬥位置！」

躲在樹林裡的魯國部隊這時全部衝出來，把齊兵包圍住，而且一齊大喊：「殺！」

齊景公大吃一驚，沒想到魯國居然有準備。不但如此，魯兵的數目還遠超過齊兵。他只好嬉皮笑臉的對孔子說：「哎呀，這只是個餘興節目，你們不喜歡，我叫他們走開就是了，何必發那麼大的脾氣？」

說著就揮手對底下的齊兵說：「退下！退下！」於是，魯定公的危機解除了，夾谷之會就這樣不歡而散。

齊景公親眼看到魯國強盛的軍容，回到齊國後越想越怕，怕魯定公報復，派大軍來攻打齊國。他忍不住把一些大臣叫來罵：「你們這些飯桶！我聽了你們的餿主意，得罪了魯定公，要是他派兵來打我們怎麼辦？你們

說，現在該怎麼收拾這個爛攤子？」

有個大臣上前奏道：「稟告大王，我聽說君子做錯事的時候，會用實際的行動來謝罪；相反的，小人做錯事的時候，就用花言巧語來掩飾他的錯誤。大王是一個正人君子，何不用實際的行動向魯國賠罪呢？」

齊景公聽了覺得很有道理，就把以前從魯國搶奪來的鄆、汶陽、龜陰這三個地方的田地還給魯國，向魯定公道歉。

雙Q論語

子曰：「知者不惑，仁者不憂，勇者不懼。」
（《論語·子罕篇》）

§聊天室§

有智慧的人不會疑惑，德行高尚的人不會愁惱，勇敢的人不會害怕。

「知」就是「智」；「惑」是「疑惑」；「仁」是「德行高尚」；「憂」是「愁惱」；「懼」是「害怕」。

「智、仁、勇」是童子軍三達德，也是孔子在夾谷之會的表現最好的寫照。

　　孔子的智慧和勇氣，不但解救了魯定公，還替國家收復失土。他不但是個好老師，還是一個能幹的政府官員。

21 不懷好意的 歌舞團

　　齊景公雖然在夾谷之會吃了癟（請看第20章），但他還是不死心，一直在盤算著如何讓孔子下臺，好削弱魯國的國力。他問大臣有什麼好點子，黎鉏很快走上前去，低聲在齊景公耳朵旁邊講了一些悄悄話。

　　沒想到這次齊景公不但沒誇獎黎鉏，還大聲斥責：「黎鉏！上次就是聽你的餿主意，害得我在夾谷之會灰頭土臉。滾開！我不要聽你的廢話。」

　　黎鉏說：「主公，請不要生氣。這次不同，我知道季孫氏的毛病，我們一定會成功。」

　　齊景公說：「好，我再給你一次機會。如果再搞砸了，小心你的狗頭！」

　　黎鉏說：「請主公放心，保證

萬無一失！」

黎鉏開始在全國招募美女。他的條件很嚴格：

1. 要長得漂亮；
2. 身高 165 公分，多一公分不行，少一公分也不行；
3. 三圍 34 － 22 － 34，多一吋不行，少一吋也不行；
4. 要聰明伶俐，不要粗手粗腳的男人婆。

黎鉏總共挑選了八十位美女，然後請最好的老師教她們唱歌跳舞，組成「大齊歌舞團」。

三個月後，「大齊歌舞團」結業了。於是，由一位齊國大臣率領，加上三十四匹駿馬，來到魯國都城南高門外。

齊國大臣不直接拜見魯定公，怕魯定公不好意思接受。他請季孫氏（又名季桓子，也有人叫他季孫斯，是愛鬥雞的季平子的兒子）先來「視察」，因為他

知道李孫氏很好色，一定會喜歡。

　　李孫氏怕被人家認出來，就穿上普通老百姓的衣服，來到城外「大齊歌舞團」的帳篷。

　　他一看到那三十四匹駿馬，就已經喜歡得不得了。等到「大齊歌舞團」開始表演，八十個天使臉孔、魔鬼身材的「美眉」，穿著性感暴露的衣服，一面跳豔舞，一面對他拋媚眼，他的口水簡直流了滿地。

　　李孫氏匆匆回到城裡，對魯定公說：「主公，您最近處理政事太辛勞，應該要輕鬆一下，對身體比較好。」

　　魯定公說：「我也是這樣想，愛卿有什麼建議？」

　　李孫氏說：「齊國為了向我們表示友好，送了我們三十四匹駿馬和一個歌舞團。請主公明天去觀賞，調劑一下身心。」

魯定公說:「這……這樣不太好吧?」

季孫氏說:「不會啦。主公精神愉快,身體健康,國家才有前途啊。」

魯定公還是有點遲疑:「萬一孔大司寇知道了怎麼辦?」

季孫氏說:「我們只要換上便服,就沒有人知道了。」

於是,第二天魯定公和季孫氏就換上便服,溜到城外看「大齊歌舞團」去了。

魯定公也是個貪玩的花花公子,看到這麼多能歌善舞的美女,靈魂早就飛上天了。一連好幾天,都不上朝處理國家大事,只和季孫氏兩人在城外觀賞歌舞。

孔子看魯定公連續好久沒上班,最先以為他生病了,後來才知道原來他和季孫氏躲在城外看歌舞團。孔子非常生氣,也非常

失望，寫了一封辭職書，辭去大司寇的職位，帶著學生，傷心的離開魯國，開始周遊列國的流浪生涯（請看第22章）。這時是西元前497年，孔子已經五十四歲了。

當他們走到魯國和衛國邊境的時候，一群人馬從後面趕來。原來季孫氏看到孔子的辭職書，特別派一個叫做師己的樂師來慰留。

當師己追上孔子一行人後，對孔子說：「大司寇，並沒有人得罪您呀，為什麼要走呢？」

孔子說：「我唱一首歌來回答你，好嗎？」

> 那些女人的嘴巴甜如蜜，
> 叫我不得不離開！
> 那些女人的到來，
> 會叫人身亡國敗！
> 從此我再也不要瞎操心，

只要活得優哉游哉！

　　師己回去，把孔子唱的歌告訴李孫氏。李孫氏長長的嘆了一口氣，說：「孔夫子在怪我接受齊國的歌舞團呢！」
　　黎鉏的陰謀終於成功了。

季康子問政於孔子。孔子對曰：「政者，正也。子帥以正，孰敢不正！」（《論語‧顏淵篇》）
　§柳天室§
　　季康子的老爸就是那個愛看歌舞團的季桓子。季桓子死後，由季康子繼位。孔子周遊列國回到魯國後，有時季康子會向他請教治國的道理。孔子的回答是，「政」，就是「正」。在上位的人如果以身作則，自己行為端正，底下的人有誰敢不端正！
　　「對」是「回答」；「正」是「行為端正」；「帥」是「率領」。

22 這算哪門子的旅遊團？

　　你聽說孔子「周遊列國」，一定羨慕死了，以為他和學生到處遊山玩水，吃香喝辣，血拼名牌，像報紙上廣告的「歐洲十日遊」。其實，孔子這個「旅遊團」縱使請你免費參加，你還需要考慮考慮。

　　首先，別人旅遊最多只是三、四個禮拜，他們一出去就是十四年（西元前 497 年～前 484 年），累死人了！

　　其次，他們在路上碰到好多危險，比如說，在匡城，人家把孔子誤認為是惡霸陽虎，把他們團團圍住，準備要修理他們（請看第 18 章）；在陳國和蔡國的邊境，被兩國兵士包圍，差點活活餓死（請看第 23 章）。你也許寧願躲在家裡吹冷氣，看電視，才

不願意跟他們到處趴趴走，去冒險。

　　他們是到過很多國家沒錯，

雙Q論語

子曰：「歲寒，然後知松柏之後凋也！」（《論語‧子罕篇》）

§聊天室§

　　要到嚴冬酷寒的時候，才能看出松樹和柏樹是最後凋謝的。

　　平常沒事，大家在一起聊天打屁很開心。但是，遇到緊急狀況時，比如說，班上有同學需要急病送醫，才能看出誰真正富有同情心和臨危不懼的勇氣。

　　春秋末期，天下大亂，會替自己打算的人都躲起來當隱士，免得惹麻煩上身，只有孔子這個「傻瓜」還帶著學生，到處奔波，希望能替老百姓做點事，的確是有「松柏後凋」的氣節。

曾子曰：「士不可以不弘毅，任重而道遠。仁以為己任，不亦重乎？死而後已，不亦遠乎？」（《論語‧泰伯篇》）

§聊天室§

　　曾子就是曾參，也就是曾點的兒子（請看第 10 章和第 26 章）。他講這句話可能是在勉勵自己，但是拿來描繪孔子的抱負，也很恰當。

　　這句話的意思是：「一個真正的讀書人，一定要有寬闊的心胸和堅忍的毅力，因為他的責任非常重大，而且他要走的路非常遙遠。他以『仁』為自己的責任，不是非常重大的負擔嗎？他要一直背負著這個責任，到死為止，不是很遙遠的路嗎？」

　　「士」是「讀書人」或「知識分子」；「弘」是「寬闊」；「毅」是「堅忍」；「仁」是「關愛別人」；「已」是「停止」。

像衛、晉、宋、鄭、陳、蔡、楚都去了，大概遊歷過現在的山東省和河南省。問題是，他們根本不是去玩，而是去尋求從政的機會，好實現他們的政治理想。

不幸的是，那時的國君都是一些現實的傢伙，心裡只想著如何併吞別人的國家，根本不管自己人民的死活，所以對孔子那一套「仁義治國」、「禮樂治國」的道理一點興趣也沒有。因此，孔子到處碰壁，也惹得一些自認清高的隱士來譏諷他（請看第24章）。

這個「旅遊團」雖然不好玩，但是孔子那種不怕辛苦，堅持自己的理想，「知其不可而為之」的毅力和勇氣，還是蠻令人佩服的啦。

23 被迫減肥

　　楚國是個大國，聽到孔子的名聲，就請他去當國策顧問。那時孔子已經辭掉魯國司法院長的職務，住在陳國和蔡國的邊界附近。這兩國都是小國，官員非常腐敗，孔子常常毫不客氣的批評他們，所以他們對孔子是又恨又怕。這些官員知道，孔子到了楚國，一定會叫楚國出兵來教訓他們這些敗類，所以，他們絕對不能放孔子走。

　　孔子接到楚國的聘書，高高興興帶著學生要去上任。結果，才走沒多久，在郊外就被陳國和蔡國的兵士包圍住，不准他們再走。包圍了好幾天，孔子和學生都沒東西吃，大家餓得只剩皮包骨，有些身體比較差的，根本都站不起來。可是，陳國和蔡國的

士兵一點都沒有放行的意思。他們的企圖很明顯：要把孔子和他的學生全部活活餓死。

在這樣危急的情況下，孔子一點也不驚慌。他也很餓，但是強烈的意志力支持著他，使他仍然每天照樣講課、彈琴、唱歌。你一定以為他年輕力壯，所以餓幾天不要緊。其實，這時他已經是六十三歲的老人了。

子路是個大個子，平常要吃很多飯，現在好幾天沒飯吃，肚子早已經「咕嚕！咕嚕！咕嚕！」叫得像打雷一樣。他心裡想：「哼！老師平常教我們做正人君子，對人要有愛心啦，講話要守信用啦，做事要循規蹈矩啦，說這樣就會贏得別人的尊敬。尊敬個鬼！我都快餓死了！」

然後子路看到老師居然還在那裡彈琴、唱歌，不禁火冒三丈，他衝到孔子面前，氣呼呼的

說:「老師！你老是教我們要當個君子，君子也有這樣倒楣的時候嗎？」

孔子說:「當然有啊，人都有倒楣的時候。只是，君子在倒楣的時候仍然堅守他的原則，不會亂來；小人一碰到不如意的事情，就會胡作非為，瞎搞一氣。」

顏回本來躺在地上休息，聽到子路和孔子的問答，知道子路很沮喪，就坐起來鼓勵他說:「子路，我們今天會遇到這個危難，並不是我們做了什麼錯事，而是陳蔡兩國官員自己貪汙腐敗，所以心裡有鬼啊！他們越凶，只是越發顯出他們的作賊心虛罷了！」

顏回一番話正好說中孔子的心事，孔子非常高興，不禁哈哈大笑的對顏回說:「小顏啊，你就像是我肚子裡的蛔蟲，都知道我在想什麼。哪天你發財變成大富翁，我來做你的投資顧問，我們

一定可以合作得很愉快。」

孔子一面鎮靜的講課、彈琴、唱歌，以穩定學生的情緒；一面派學生子貢突圍去向楚國求救。子貢的口才很好，在外交上有傑出的表現（請看第14章和第15章）。過了不久，楚國的大軍開到，把陳蔡的兵士打得落花流水，狼狽而逃。那天晚上，危機解除了，又有大魚大肉可吃，大家心情都很愉快。子路一個人就吃了十個大饅頭，還舞劍給大家看，贏得熱烈的掌聲。

子曰：「君子坦蕩蕩，小人長戚戚。」（《論語・述而篇》）

§聊天室§

孔子分別說明君子和小人心境的不同，他說：「君子怡然自得，小人一天到晚憂愁懼怕。」這就是為什麼當他碰到危險時，仍然能夠老神在在，彈琴唱歌。

「坦蕩蕩」是「怡然自得」；「長」是「老是」；「戚戚」是「憂愁懼怕」。

24 一群怪胎

　　孔子周遊列國的時候（請看第22章），碰到一些隱士，很不諒解他的行為，總是對他冷嘲熱諷。這些隱士只是潔身自好，對社會並沒有什麼積極的貢獻。孔子懷抱滿腔救世的理想，雖然到處碰壁，卻不氣餒。他這種執著的精神，看起來好像很傻，其實才值得我們尊敬哩。

　　讓我們看看這些自命清高的怪胎，如何消遣孔子。

微生畝

　　微生畝是個年紀很大的隱士，自認為是孔子的長輩。他倚老賣老，教訓孔子說：「孔丘！我看你周遊列國，東奔西跑，大概是想在各國國君面前要嘴皮，求個一官半職吧？」

孔子說：「我並不是要賣弄口才，實在是看不慣社會風氣這麼敗壞，想改革它啊！」

掌門人

子路要出城，晚上在城門附近過夜。第二天一大早，他要出城時，開城門的人問他：「你從哪裡來？」

子路說：「從孔家來。」

管城門的人就批評孔子說：「喔，我知道，他就是那個明知道不行還偏要幹的那個人吧？」

扛土的隱士

孔子在衛國時，有一天擊磬消遣。「磬」是古代用玉石做成的打擊樂器。剛好有個隱士，扛著一袋泥土走過，聽著磬聲，說：「這擊磬的人是個有心要救世的人哩。」

聽了一會兒，又說：「這人可

惜見識不高，而且還蠻頑固的！既然沒有人了解你，那就算了嘛。《詩經》上不是說：『水深的時候過河，就乾脆穿著衣服走過去吧，因為撩高衣服也沒用啊；水淺的時候過河，才把衣服撩高』？一個人要識時務啊！」

孔子說：「果真要狠心忘掉世人，什麼都不幹，那也並不困難啊！」他的意思是：「我就是狠不下心，才會這麼辛苦啊！」

接　輿

楚國有個裝瘋的隱士，名叫接輿，故意唱著歌從孔子的車前走過：「鳳鳥啊！鳳鳥啊！你怎麼落魄到這個地步？過去的事已經無法挽回，將來的事還可以補救啊！罷了，罷了！現在去做官的人，實在很危險啊！」

鳳鳥是古代傳說中的瑞鳥，國家上軌道的時候才會出現，國

家如果亂七八糟，牠就躲起來。牠也用來比喻德行高潔的人。

孔子聽到接輿的歌，知道是在諷刺他處於亂世而不曉得歸隱，就下車來要和接輿說話，接輿卻連忙躲開了。

長沮和桀溺

長沮和桀溺兩個隱士一起在耕種，孔子經過他們旁邊，就叫子路去問他們過河的渡口在哪裡。

長沮先反問子路：「那個在車上手拉著韁繩的人是誰？」

子路說：「是孔丘。」

長沮說：「是那個魯國的孔丘嗎？」

子路說：「是啊。」

長沮說：「他是周遊列國的人，應該知道渡口在哪裡呀。」

子路沒辦法，只好問桀溺。

桀溺也是先反問：「你是誰？」

子路說：「我是子路。」

桀溺又問：「就是魯國孔丘的門徒嗎？」

子路說：「是。」

桀溺說：「現在天下大亂，就像洪水滔滔，有誰改變得了？你與其跟著孔丘到處吃苦，東奔西跑，還不如跟我們一起隱居起來，要清淨得多了。」說著，仍舊只顧繼續耕田，還是沒有說出渡口在哪裡。

子路回來，把兩人的話告訴孔子。孔子聽了很難過，說：「我們是人，沒辦法和鳥獸在一起生活。我們如果不和人群在一起，要和誰在一起呢？今天，如果天下太平，也就用不著我去改革了。」

除草的老人

子路跟隨著孔子，可是卻遠遠落在後面。他遇見一個老人，

用拐杖挑著裝草的竹器。子路問老人：「老先生，請問您有沒有看到我的老師？」

老人看他那讀書人的樣子，沒好氣的說：「我看你四肢不勞動，五穀也分不清，誰知道你的老師是誰？」說著，把拐杖往地上一插，開始除草。

子路知道老先生是個隱士，於是拱手站在旁邊，表示敬意。老人看子路有禮貌，就留他在家裡過夜，殺雞做飯招待子路，還介紹兩個兒子和子路認識。

第二天，子路趕上孔子，把遇見老人的事講給他聽。孔子說：「這個人是個隱者呢！你再回去看他，好好謝他。」

子路回到老者家裡，老者已經出門去了，於是子路把孔子的話轉告給他的家人：「替國家做事是每個人的義務，所以有才華而故意不從政是不對的。長幼之間

的禮節都不能廢棄，更何況君臣之間的道義呢？

「隱居的生活固然很清高，可是因為沒替國家服務，卻敗壞了君臣之間更大的倫理關係！君子要出來從政，也不過盡一點本分罷了。至於我的政治理想不能實現，那是早已經知道的事啊！」

雙Q論語

子曰：「道不同，不相為謀。」（《論語・衛靈公篇》）

§聊天室§

一群人在一起，有的人想去看電影，有的人想去游泳。如果硬把想看電影的人拖去游泳，或者硬把想去游泳的人拖去看電影，一定會弄得不歡而散。不如大家互相尊重，想看電影的人去看電影，想游泳的人去游泳。

不管做什麼事，總是和志同道合的人合作效率會比較高。「道」是「想法」；「謀」是「一起做事」。

25 孔子擺烏龍

　　你以為我在瞎掰，孔子是個聖人，怎麼會擺烏龍？拜託，聖人也是人，又不是神，當然會犯錯。重要的是，犯了錯要承認，而且要改過。

　　還記得那個不上課，躲在家裡睡午覺的宰予嗎？（請看第6章）他很會說話，也很會拍馬屁，所以起先孔子很喜歡他。經過「晝寢」（就是睡午覺）事件後，孔子才發現要真正了解一個人，不但要看他怎麼說，還要看他怎麼做。

　　宰予後來在齊國做官，因為和田常爭奪權力，被田常所殺。

　　有一次，孔子問在武城當縣長的子游（就是那個「殺雞焉用牛刀」的子游，請看第27章）：「你們這裡有沒有賢明的人？」

145

子游說:「有個叫澹臺滅明的人，品行非常端正。他走路都是走大路，從來不抄捷徑。還有，他只在有公事要處理時，才會到衙門來見我，平常沒事絕對不會來找我聊天、攀關係。」

經由子游的介紹，孔子和澹臺滅明見了面。澹臺滅明小孔子三十九歲，字子羽，長得奇醜無比。他久聞孔子大名，立即要拜孔子為師。孔子心想:「我的媽呀，這小子長得這麼抱歉，我看不是什麼好東西，將來大概也不會有什麼出息。子游一定看錯人了。」但是因為是子游介紹的，所以只好硬著頭皮收澹臺滅明作學生。

沒想到澹臺滅明不但做人規矩，讀書更用功，後來學有所成，成為國際知名的學者。到吳國講學時，跟隨他的弟子多達三、四百人，各國都爭相傳誦他

的名字。

　　孔子聽到這件事以後，就嘆口氣說：「吾以言取人，失之宰予；以貌取人，失之子羽！」意思是說：「我光用言語看人，結果看錯了宰予；我光用容貌看人，結果看錯了子羽。」

雙Q論語

子貢曰：「君子之過也，如日月之食焉：過也，人皆見之；更也，人皆仰之。」（《論語‧子張篇》）

§聊天室§

　　君子有過失時，有如日蝕和月蝕：當他犯錯時，從不遮掩，所以大家看得清清楚楚；等到他改過時，就像日月恢復光明，大家又再仰望著他。

　　「食」就是「蝕」；「更」是「改」。

子曰：「過而不改，是謂過矣！」（《論語‧衛靈公篇》）

§聊天室§

　　人，包括孔子，都會犯錯，犯錯就要改。有了過失而不改，那才真是過失啊！

26 瀟灑走一回

　　孔子雖然懷抱滿腔理想，一心想出來從政，替老百姓做事，其實骨子裡是一個非常瀟灑的人。底下這個故事，讓我們看到孔子活潑生動的教學方法和他幾個學生的抱負，也讓我們知道他浪漫的一面。

　　有一天，子路、曾點（曾參的老爸）、冉有、公西華陪孔子坐著。

　　孔子說：「你們不要因為我年紀比你們大一點，就嚇得不敢吭聲。你們平常不是老抱怨說：『沒有人了解我呀！』好，現在假如有人知道你的學問和能力，要給你機會表現，你打算怎麼做？」

　　子路（除了他這個寶，還有誰！）急急忙忙就搶著說：「哎呀，老師，這個簡單啦！比方說有這

麼一個兵車千輛的國家，夾在兩個大國之間，一天到晚受它們的欺負，同時，國內又發生災荒。這麼一個內憂外患的倒楣國家，要是讓我去治理，只要三年，保證讓這國的人民個個驍勇善戰，而且循規蹈矩。」

孔子聽了，知道子路又在「膨風」，所以只是笑笑，也不洩他的氣。然後，他對著冉有說：「冉有，你呢？」

冉有比較謙虛，說：「方圓六、七十里，或者小一點，五、六十里的地方，如果讓我去治理，也只要三年，老百姓應該都能過得豐衣足食。至於用禮樂教導人民的事，我就沒辦法，要讓比較有才華和品德的人去做。」

孔子說：「公西華，你呢？」

公西華更謙虛，說：「不是說我一定能做得到，但是我願意學習：宗廟祭祀，或諸侯相會時，

我希望能穿著禮服，戴著禮帽，當一個小小的司儀。」

孔子又問：「曾點，你呢？」

曾點正在彈瑟，聽到老師問他，就趕快停止演奏，瑟音「鏗鏘」一聲中斷了。他站起來說：「老師，我可不像三位同學這麼能幹呢。」

孔子說：「有什麼關係！只是大家聊聊自己的抱負罷了。」

曾點說：「我的志向是：暮春三月，穿上新做的春衣，和一群年輕小伙子先到沂水去洗澡，再到求雨的祭壇乘涼，然後唱著歌兒回家。」

孔子聽了，長嘆一聲說：「我好喜歡曾點這個志向啊！」

孔子沒把曾點臭罵一頓，說他沒出息，反而稱讚他的想法，正說明了孔子自己其實也是個瀟灑浪漫的人啊。

還有，你有沒有發現，孔子

在上課時，曾點在旁邊有一搭沒一搭的聽著，同時還在彈瑟？你不覺得孔子是個很平易近人的老師嗎？

雙Q論語

子曰：「知者樂水，仁者樂山。知者動，仁者靜。知者樂，仁者壽。」（《論語·雍也篇》）

§聊天室§

　　有智慧的人思想靈活，喜歡流動不息的水；有道德的人，誠懇忠厚，愛好沉穩厚重的山。有智慧的人心緒常動；有道德的人心情常靜。有智慧的人快樂；有道德的人長壽。

　　孔子不但是個智者，也是個仁者，所以他會嘉許曾點愛好大自然的天性。

　　「知」就是「智」；「樂水」、「樂山」的「樂」是「喜歡」；句尾「知者樂」的「樂」是「快樂」；「壽」是「長壽」。

27 孔子搞笑

　　有一次，孔子帶著學生到鄭國去玩，那天路上遊客很多，大家擠來擠去，結果孔子和他的學生擠散了。他很急，但是知道不能像沒頭蒼蠅一樣到處亂跑，所以就站在城牆的東門旁邊等。

　　過了不久，果然看到子貢匆匆忙忙跑來，一面說：「老師，終於找到您了！可把我急死了！」

　　孔子很高興，問子貢：「你怎麼找到我的？」

　　子貢說：「我在路上一直問人，把您的模樣說給人家聽。後來有個人對我說：『我看到有個人，站在東門旁邊，額頭長得像古代的堯帝，脖子像古代舜帝時候有名的法官皋陶，肩膀像我們鄭國的大政治家子產，下半身嘛，像治水的大禹。他站在那

裡，很著急的東張西望，像一隻無家可歸的流浪狗。我看他就是你的老師。你趕快去吧！』所以我就跑來了。」

孔子聽了，不禁大笑說：「哈哈哈！他說我的長相未免太離譜了，我比他說的樣子要帥多了。不過，他說我慌慌張張，像隻流浪狗，倒是很像，很像！哈哈哈！」

孔子的學生子游在武城當縣長，有一天，孔子和一些學生去看他。才進城裡，就聽到到處都是彈琴唱歌的聲音。孔子其實心裡很高興，知道子游一定把武城治理得很好，人民才會有閒情逸致彈琴唱歌。可是，當他見到子游的時候，卻故意頑皮的笑笑，調侃他說：「子游，你治理這麼一個巴掌大的地方，居然也用聖人那一套禮節、音樂的大道理啊？你這不是有點小題大作，殺雞用

牛刀嗎？」

子游有點被搞迷糊了，就問孔子：「老師，您不是告訴我們說：『君子學了禮樂，啟發高貴的情操，就會對人很仁慈；百姓學了禮樂，性情變和順了，就會服從命令。』所以我才教他們禮樂呀。」

孔子趕快拍拍子游的肩膀，對旁邊的學生說：「你們大家聽著，子游說的一點也不錯。我剛才的話，只是故意逗他，和他開玩笑的啦，你們可別當真啊！」

 **雙Q論語**

子之燕居，申申如也，夭夭如也。（《論語‧述而篇》）

§聊天室§

　　孔子平常在家是什麼樣子？是不是擺出一副「至聖先師」、道貌岸然的嘴臉？當然不是，要不然就不可愛了。根據他學生的觀察，孔子閒居時的舉動非常怡然自得，神情和悅。也只有這樣的人，才會有幽默感啊。

　　「燕居」是「閒居」；「申申」是「怡然自得」；「夭夭」是「神情和悅」；「如也」是語尾助詞，意思是「樣子」。

　　不知不覺到了這本書的最後一章。親愛的小朋友和大朋友，看完上面的兩個故事，你還會覺得孔子是一個很嚴肅、很無趣的老冬烘嗎？當然不會啦！孔子有很多偉大的地方，像「有教無類」啦，「因材施教」啦，這些事情其他的書都會提到。但是，「孔子很會搞笑」這件事，就不是每一本書都會告訴你喔。你只要記得這件事，知道孔子不但是個最偉大、最酷炫的老師，也是一個很有幽默感，很可愛的老頑童，這本書你就沒有白讀了。

　　我們在唱歌或彈琴的時候，有時會在樂譜上看到一個記號 "D.C."，這是義大利文 "Da Capo" 的縮寫，意思是「從頭再開始」。所以，你如果覺得這本書很有趣，捨不得就這樣放下，我要輕輕的跟你說：

Da Capo

前 551 年　誕生於春秋時代的魯國陬邑昌平鄉。

前 549 年　父親叔梁紇去世。

前 537 年　十五歲開始發憤讀書。

前 535 年　母親顏徵在去世。

前 532 年　兒子孔鯉誕生。

前 522 年　三十歲時已成為有學問的青年 ， 在此前後開始開課講

　　　　　學。

前 517 年　至齊國。

前 515 年　齊大夫揚言欲害孔子，孔子自齊返魯。

前 501 年　任中都宰。

前 500 年　夾谷（在今天的山東）之會時解除齊君劫持魯定公的危

　　　　　機。

前 499 年　任魯國大司寇。

前 497 年　開始周遊列國。

前 489 年　到楚國任官途中，在陳、蔡兩國之間被包圍，絕糧七日
　　　　　之久。

前 484 年　返回魯國，刪《詩》、《書》，訂《禮》、《樂》，修《春秋》，
　　　　　並且繼續聚徒授業。

前 481 年　弟子顏回卒。齊國政變，弟子宰予死於難。

前 480 年　衛國政變，弟子子路死於難。

前 479 年　病逝。

兒童文學叢書

文學家系列

每一個文學家的一生，都充滿了傳奇……

「文學家系列」，

邀您進入文學大師的祕密花園！

榮獲第五屆
人文類小太陽獎

在經典故事中成長
——有圖、有料、有意思

唐三藏西天取經、魯智深大鬧桃花村、

諸葛亮草船借箭、牛郎織女鵲橋相見……

過去，我們讀這些故事長大

現在，我們讓這些故事陪孩子一起長大

豐富的文化應該被傳承，傳統的經典需要有新意

小說新賞，讓經典再現——

🍶 導讀簡明，掌握故事緣起

🍶 內容生動，融合古典新意

🍶 插圖精美，呈現具體情境

🍶 經典新編，富含文學性質

全系列共三十冊　敬請期待

一生不可不讀的三十本經典

國家圖書館出版品預行編目資料

雙Q高手：孔子 / 李寬宏著;王平繪.－－初版六刷.－
－臺北市：三民，2016
　面；　　公分.－－(兒童文學叢書／世紀人物100)

　ISBN 978－957－14－4402－4　（平裝）

　1.(周)孔丘－傳記－通俗作品

121.23　　　　　　　　　　　　　　94023873

© 雙Q高手：孔子

著 作 人	李寬宏
主　　編	簡　宛
繪　　者	王　平
發 行 人	劉振強
著作財產權人	三民書局股份有限公司
發 行 所	三民書局股份有限公司
	地址　臺北市復興北路386號
	電話　(02)25006600
	郵撥帳號　0009998－5
門 市 部	(復北店)臺北市復興北路386號
	(重南店)臺北市重慶南路一段61號
出版日期	初版一刷　2006年9月
	初版六刷　2016年2月修正
編　　號	S 781210

行政院新聞局登記證局版臺業字第○二○○號

有著作權‧不准侵害

ISBN　978-957-14-4402-4　（平裝）

http://www.sanmin.com.tw　三民網路書店
※本書如有缺頁、破損或裝訂錯誤，請寄回本公司更換。